DAS JÜDISCHE WIEN

DAS JÜDISCHE WIEN

FOTOGRAFIE: JÁNOS KALMÁR
TEXT: ALFRED STALZER

PICHLER VERLAG

I N H A L T

ISBN 3-85058-182-9

Umschlag- und Buchgestaltung:
Bruno Wegscheider
Lektorat: Mag. Johann Lehner
Texte in Englisch: Nicholas Somers

Reproduktion: Eurografik Wien
Druck und Bindung: Elbemühl, Wien
Printed in Austria

Pichler Verlag im Internet:
www.pichler.co.at

EINLEITUNG

... neun Zehntel von dem, was die Welt als Wiener Kultur des neunzehnten Jahrhunderts feierte, war eine vom Wiener Judentum geförderte, genährte, oder sogar schon selbstgeschaffene Kultur.

Stefan Zweig, Die Welt von gestern

Wenn man heute vom jüdischen Wien spricht, so bezieht man sich meist nur allzu gerne auf den Aspekt, den Stefan Zweig in seinem Zitat thematisiert. Dabei wird verdrängt, wie sehr man gerade hier die antijüdischen Ressentiments mit allen schrecklichen Konsequenzen gepflegt hat, obwohl es kaum eine andere Stadt gibt, in der die Geschichte der Juden so eng mit der Geschichte einer Stadt und einer Gesellschaft verwoben ist wie in Wien.

Aufgrund der jüngsten Forschungen verfügt Wien neben Prag und Regensburg über die bedeutendsten mittelalterlichen Zeugnisse jüdischer Präsenz in einer Stadt. In den letzten Jahrzehnten hat sich gerade in Wien das Bewusstsein für eine umfassende Auseinandersetzung mit der jüdischen Geschichte durchgesetzt – die Stadt bekennt sich zu ihrer Geschichte mit all ihren Licht- und Schattenseiten. Jüdisches Wien bedeutet einfach nicht nur die Welt der Salons, den Aufbruch in die Moderne im Fin de Siècle, architektonische, literarische, künstlerische und wissenschaftliche Meisterleistungen, die von Intellektuellen jüdischer Herkunft erbracht wurden. Es bedeutet auch zwei große Vertreibungen in der Frühzeit, einen politischen Antisemitismus von besonderer Grausamkeit, die Schrecken des Dritten Reichs, denen ein Drittel der jüdischen Bevölkerung Wiens zum Opfer gefallen ist – zwei Drittel wurden in die Emigration gezwungen oder konnten flüchten. Und es bedeutet auch einen sehr zögerlichen Neubeginn nach dem Zweiten Weltkrieg.

Wenn wir uns heute auf die Spurensuche nach jüdischem Leben in Wien begeben, so finden sich einerseits noch viele glanzvolle historische Zeugnisse, andererseits hat sich gerade in den letzten Jahrzehnten die kleine, aber sehr selbstbewusste jüdische Gemeinde besonders gut entwickelt, wie die zahlreichen Schulen und Institutionen, aber auch die Aktivitäten in Kultur, Wirtschaft und Gesellschaft zeigen. Die Stadt Wien hat dieser Entwicklung in umfassender Weise Rechnung getragen. Sie unterstützte nicht nur die jüdische Gemeinde, sondern setzte ihrerseits zahlreiche Akzente, die der Aufklärungs- und Erinnerungsarbeit dienen: Besonders hervorzuheben sind dabei das Jüdische Museum, das im Jahr 2000 das erste Jahrzehnt seines Bestehens feiert und das sich innerhalb dieser kurzen Zeit zu einem Ort der Begegnung und Diskussion entwickelt hat. Dieses Museum kann dank der finanziellen Ausstattung durch die Stadt Wien und dank großzügiger Leihgaben der Kultusgemeinde auf Bestände zurückgreifen, um die es weltweit beneidet wird. Mit der Errichtung des Mahnmals auf dem Judenplatz und der Eröffnung eines eigenen Museums zur Geschichte des mittelalterlichen Judentums, das auch die Ausgrabungen auf dem Judenplatz erschließt, hat Wien im Herbst 2000 einen weiteren Meilenstein in der Aufarbeitung der eigenen Vergangenheit gesetzt.

DIE ANFÄNGE: DER SCHULHOF/JUDENPLATZ

Die ersten Hinweise auf Juden im Donauraum finden sich in der Zollordnung von Raffelstetten (um 906), was allerdings lediglich auf von Juden benützte Handelswege und nicht auf jüdische Besiedlung Schlüsse zulässt. Der erste namentlich bekannte Jude ist in Wien für die Jahre 1192 bis 1196 nachzuweisen: Es ist ein gewisser Schlom, der als Münzmeister in den Diensten Herzog Leopolds V. stand. Er sollte vermutlich aus dem Lösegeld, das der Babenberger für König Richard I. von England (»Richard Löwenherz«) gefordert und erhalten hatte – die Quellen sprechen von 50.000 Mark Silber –, Münzen prägen. Schlom verfügte über einigen Besitz, in Baumgarten an der Wien besaß er Weingärten und in der Stadt selbst vier Grundstücke. Woher er stammte, wissen wir nicht; sein Auftreten als Grundbesitzer und als Zeuge bei Rechtsgeschäften ist urkundlich belegt. Er sollte nur vier Jahre seinen Geschäften nachgehen, ehe er von Kreuzrittern ermordet wurde. Mit ihm wurden weitere fünfzehn Wiener Juden umgebracht. Die Rädelsführer wurden vom Babenbergerherzog Friedrich I. mit dem Tod bestraft, da dieser ein Interesse an einer neuerlichen Ansiedlung von Juden in Wien hatte.

Nach Schloms Tod ließen sich neuerlich Juden, die vorwiegend als Geldverleiher tätig waren, in der Stadt nieder. Es gab allerdings zu diesem Zeitpunkt noch keine jüdische Gemeinde, sondern nur einzelne Familien. Die jüdische Siedlung vergrößerte sich rasch. Obwohl aus der Zeit zwischen dem ausgehenden 12. und der Mitte des 13. Jahrhunderts nur ein einziger Jude namentlich bekannt ist, kann man von einer rasch wachsenden Gemeinde ausgehen, denn 1238 stellte der Staufer-Kaiser Friedrich II. ein Privileg für die Wiener Juden aus, das die Bedingungen für ihr Leben in der Stadt regelte. 1244 folgte dann die Judenordnung Friedrichs des Streitbaren für Österreich. Die im Judenrecht definierte Kammerknechtschaft *(servi camerae)* unterstellte die Juden direkt dem Herrscher, der den Juden als Gegenleistung für ihre Steuerleistungen Schutz gewähren sollte. Dadurch genossen die Juden Schutz vor Angriffen gegen ihre Synagoge und den Friedhof, freie Religionsausübung und autonome Gerichtsbarkeit.

Im 13. Jahrhundert siedelten sich die Juden vorwiegend im Bereich des »Schulhofs« (heute Judenplatz) einschließlich seiner Seitengassen und der heutigen Wipplingerstraße an. Dies vor allem auch deshalb, weil sich in unmittelbarer Nachbarschaft der Sitz der Landesherren befand, von deren Schutz sie abhängig waren. Die jüdischen Familien errichteten eine neue Synagoge am Judenplatz, die 1294 erstmals urkundlich erwähnt wird. Dieser gotische Bau bildete den geistigen Mittelpunkt der Gemeinde. Rund um die Synagoge erstreckte sich die Judenstadt, die alle Einrichtungen umfasste, die eine jüdische Gemeinde für ihr rituelles Leben braucht: Synagoge, Tauchbad *(mikwe)*, Spital, Schächterei, Bäckerei und einen Friedhof vor dem Kärntnertor. Bald war die Gemeinde so groß und bedeutend, dass sie Rabbiner berufen konnte, die sich durch Gelehrsamkeit und Frömmigkeit bereits einen Namen gemacht hatten. Izchak bar Mosche aus Böhmen, der nach seinem Studium in Frankreich und Deutschland etwa um 1240 nach Wien kam, hinterließ der Nachwelt das talmudische Werk *Or Sarua* (Lichtsaat), das heute noch in den Jeschiwot (Talmudhochschulen) gelesen wird.

Im Zuge der Ausgrabungen auf dem Judenplatz Mitte der Neunzigerjahre des 20. Jahrhunderts wurden die Fundamente der mittelalterlichen Synagoge freigelegt; sie sind nunmehr in einen musealen Komplex zur Geschichte des mittelalterlichen Judentums integriert, der im Kellergewölbe des Hauses Judenplatz 8 (Misrachi-Haus) untergebracht ist.

Die damalige Judenstadt war von einer niedrigen Mauer umgeben, die eher der topographischen Abgrenzung als der Ghettoisierung diente, denn es war für Juden auch möglich, Häuser außerhalb der Judenstadt zu erwerben. David Steuss, der bedeutendste jüdische Bankier seiner Zeit, besaß in der zweiten Hälfte des 14. Jahrhunderts Häuser außerhalb der Judenstadt. Das Haus Tuchlauben 19, in dem sich die einzigartigen Neidhartfresken bis heute erhalten haben, kann als Beispiel dienen, wie das Wohnhaus von Steuss im Inneren mit seinen Dekorationen ausgesehen haben könnte – eine Vermutung, die auch durch neueste Untersuchungen an einem mittelalterlichen jüdischen Bürgerhaus in Zürich untermauert wird. Wie die Judenstadt und die Synagoge wahrscheinlich ausgesehen haben, zeigt eine multimediale Präsentation im Museum auf dem Judenplatz mit audiovisuellen Rekonstruktionen, Modellen und Fundstücken. Sie vermittelt einen eindrucksvollen Einblick in das Alltagsleben von David Steuss und seiner Zeit. Ergänzt wird die Präsentation durch die Darstellung des religiösen und sozialen Lebens.

DIE ERSTE VERTREIBUNG

Einen Vorgeschmack auf die erste große Vertreibung der Juden Wiens gab 1406 der Brand in der Judenstadt, in dessen Folge die Juden beraubt wurden; der Schaden soll 100.000 Pfund betragen haben – eine Summe, von der der herzogliche Hof fünf Jahre hätte leben können. Da die Juden von den Christen aus nahezu allen wichtigen Handelszweigen verdrängt wurden, war der Geldverleih zunehmend zu einem ihrer Hauptgeschäftszweige geworden. Die für Kurzdarlehen sehr hohen Zinsen waren der Grund für Animositäten bei den christlichen Schuldnern. Zusammen mit religiösen Vorurteilen – vom Vorwurf, die Juden hätten den Tod Jesu auf dem Gewissen, bis hin zur Verdächtigung, sie würden Hostien schänden oder Mazzes mit Christenblut backen – führte das latent judenfeindliche Klima immer wieder zu schrecklichen Übergriffen und Pogromen.

Diese stetig wachsende Feindseligkeit der nichtjüdischen Gesellschaft gipfelte 1420 in der ersten großen Vertreibung der Juden, der ersten Wiener Geserah. Vorwand für die Vertreibung war die Beschuldigung, dass einige Wiener Juden die Hussiten unterstützten. Die meisten Juden wurden mit einem Schiff auf der Donau ausgesetzt, mit dem sie hilflos den Fluss stromabwärts trieben; diejenigen, die überlebten, wurden in Ungarn von König Sigismund aufgenommen. Zurück blieben lediglich die wohlhabenden Juden, die man gefangen nahm, um ihnen ihr Vermögen abzunehmen. Sie sollten nur für kurze Zeit mit dem Leben davonkommen, denn am 12. März 1421 wurden diese Überlebenden – rund 300 Personen – auf der Gänseweide in Erdberg (Wien 3, an der Stelle des heutigen Österreichischen Staatsarchivs) verbrannt. Als Rechtfertigung für diese Tat diente eine angebliche Hostienschändung. Die Gebäude in der Judenstadt wurden von Herzog Albrecht V. verschenkt oder verkauft, die Synagoge zerstört und die Steine angeblich zum Bau eines Teils der Universität (Alte Universität, 1, Dr.-Ignaz-Seipel-Platz) verwendet.

Auf makabre Art und Weise erinnert bis heute eine antijüdische Gedenktafel am Haus »Zum großen Jordan« (1, Judenplatz 2) an die erste grausame Vertreibung der Wiener Juden: Das Relief wurde von Jörg Jordan nach 1491 in Auftrag gegeben. Die dort dargestellte Taufe Jesu im Jordan symbolisiert einerseits den Namen des Hausbesitzers, andererseits steht der Jordan für die Reinigung von allem Übel. Als eines dieser Übel bezeichnet der lateinische Text des Reliefs die Juden, die durch die Verbrennung von 1421 für ihre Taten bestraft worden seien. Der ebenfalls auf dem Relief abgebildete heilige Georg symbolisiert den Vornamen (Jörg) des Auftraggebers.

Durch den Jordan werden die Leiber von Seuche und Übel gereinigt, da weicht jede verborgene Sünde. So erhebt sich die Wut rasend durch die ganze Stadt 1421 und sühnt die Verbrechen der hebräischen Hunde. So wie die Welt durch die Sintflut gereinigt wird, soll sie nun durch das wütende Feuer bestraft werden. – So weit die Worte der lateinischen Inschrift.

AUF DEM WEG INS GHETTO – DER UNTERE WERD

Die negativen Folgen der ersten Vertreibung für die Wirtschaft wurden bald spürbar, trotzdem kam es fast zweihundert Jahre lang zu keiner systematischen Ansiedlung von Juden in Wien. In den Quellen wird nur vereinzelt von durchreisenden Juden berichtet. Der Aufenthalt von Juden in Wien wurde 1536 durch eine eigene Judenordnung geregelt. Dass der Aufenthalt auch länger als nur ein paar Tage dauern konnte, belegen die ältesten Grabsteine des jüdischen Friedhofs in der Seegasse (Wien 9) aus der zweiten Hälfte des 16. Jahrhunderts.

Ab 1570 ist eine neue Phase der Judenpolitik erkennbar: Die am 18. Mai 1570 erlassene Judenordnung betraf den vorübergehenden Aufenthalt von einheimischen und fremden Juden in Wien. Jeder Jude musste sich von der Behörde, in deren Auftrag oder auf deren Anordnung er sich in Wien befand, eine Bestätigung ausstellen lassen. Diese Aufenthaltserlaubnis war auf wenige Tage befristet. Ausländische Juden erhielten vom Stadtrichter diese Genehmigung. Die Tendenz ging dahin, der Bürgerschaft jeglichen Einfluss auf Judenangelegenheiten zu entziehen.

Aus der wirtschaftlichen Notwendigkeit, Juden als Geldverleiher an einem so wichtigen Ort wie Wien anzusiedeln, entwickelte sich die Stellung der »befreiten« bzw. »hofbefreiten« Juden. Die Entstehung einer rechtlich klar definierten Gruppe von befreiten Hofjuden ging mit der Ansiedlung einer eigenen Judengemeinde in Wien Hand in Hand. 1571 waren wieder sieben

Familien in Wien ansässig; die Zahl muss sehr schnell gewachsen sein, denn 1599 waren die Wiener Juden bereits imstande, 31.000 Gulden Kriegskontribution zu leisten. Der »hofbefreite« Status, der nicht nur Juden, sondern auch Christen verliehen wurde, war an die Leistung bestimmter Dienste für den Hof gebunden. Die Juden befreite er vom Tragen des gelben Rings an der Kleidung, das König Ferdinand 1551 verfügt hatte, sowie von Maut- und Zollabgaben; sie erhielten freies Geleit, Niederlassungsrecht und Handelsfreiheit.

Dass die Bereitschaft, wieder Juden in Wien anzusiedeln, nicht aus übergroßer Freundlichkeit, sondern aus handfestem finanziellen Kalkül erfolgte, ist offensichtlich. Die Türkenkriege erforderten enorme Mittel, und die Hofkammer musste zur Anwerbung von Söldnern und zur Beschaffung von Kriegsausrüstung neue Finanzquellen erschließen. Hoch dotierte Einzelprivilegien – der jüdische Haushaltsvorstand zahlte für sich, seine Familie und das Hausgesinde eine hohe Toleranzgebühr – waren da eine ergiebige Möglichkeit; gleichzeitig konnten die jüdischen Kaufleute mit ihren guten Handelsbeziehungen große Mengen dringend benötigter Güter, wie Uniformstoffe, Pferde, Nahrungsmittel, Waffen usw., liefern, eine Aufgabe, die später die so genannten »Hoffaktoren« in großem Stil übernahmen.

In dieser Zeit wurde auch ein neuer Friedhof in der Roßau (9, Seegasse 9–11) angelegt. Dass Teile dieses Friedhofs bis heute erhalten sind, ist unter anderem Samuel Oppenheimer zu verdanken, der ihn 1686 kaufte. 1784 wurde er wie alle Friedhöfe innerhalb des Linienwalls auf Anordnung Kaiser Josephs II. geschlossen. Während der NS-Zeit wurde ein großer Teil des Friedhofs zerstört, darunter auch die Gräber von Samson Wertheimer und Samuel Oppenheimer; etwa 700 Grabsteine wurden entfernt. Nach dem Zweiten Weltkrieg wurde der verbliebene Teil restauriert.

Am 6. Dezember 1624 stellte Kaiser Ferdinand II. für die Wiener Juden ein Privileg aus, das ihnen bestimmte Rechte einräumte und ihnen außerhalb der Stadtmauern auf der stadtnächsten Donauinsel ein Wohngebiet zuwies. Diese Judenstadt im Unteren Werd (heute Zweiter Bezirk) befand sich westlich der heutigen Taborstraße. Die Hauptachse bildete die Große Sperlgasse zwischen der Karmelitergasse und der Kleinen Pfarrgasse. Im Zentrum lag die große Synagoge (Große Pfarrgasse 15), schräg gegenüber befand sich die ältere kleine Synagoge. Die Zahl der Bewohner stieg von etwa 300 im Jahre 1624 auf über 1300 im Jahre 1660. Gegen das Karmeliterkloster war die Judenstadt mit Grenzsteinen markiert, von denen noch drei erhalten sind (einer ist im Historischen Museum der Stadt Wien zu besichtigen).

Soweit die Bewohner Kleinhändler waren, besaßen sie ihre »Gewölbe« in der Stadt, besonders im Gebiet des Ruprechtsplatzes. Die Judenstadt wurde weitestgehend autonom verwaltet und hatte eine eigene Gerichtsbarkeit. Der bedeutendste Rabbiner war Jomtov Lipman Heller. Die Führungsschicht im Unteren Werd bildeten zwar die Hoflieferanten, doch waren damals im Gegensatz zur späteren Zeit der Hoffaktoren Oppenheimer und Wertheimer alle sozialen Schichten in der Wiener jüdischen Gemeinde vertreten. Diese einigermaßen sicheren Lebensbedingungen verschlechterten sich jedoch sehr bald wieder, denn unter Kaiser Ferdinand III. (1637–1657) wurde die bisherige autonome Ghettoverwaltung dem Magistrat der Stadt Wien unterstellt. Sogar die Handelsrechte in der Innenstadt wurden den Juden vorübergehend entzogen. Nach deren Wiedergewährung begann eine Hetz- und Verleumdungskampagne der christlichen Bürger, die die unliebsame Konkurrenz der jüdischen Händler endgültig loswerden wollten. Die hasserfüllten Predigten des Abraham a Sancta Clara schürten die Judenfeindlichkeit noch zusätzlich, so dass die Wiener Bürger wiederholt mit der Bitte an den Magistrat herantraten, die Juden doch für immer zu vertreiben.

Nach der Thronbesteigung Leopolds I. im Jahre 1658 verschlimmerte sich die Situation weiter: Der tief religiöse Kaiser stand nicht nur stark unter dem Einfluss seiner aus Spanien stammenden, streng katholischen Gattin Margarita Teresa, er griff schließlich die Beschuldigungen einer Untersuchungskommission auf, die den Juden Spionage für die Türken vorwarf, und verfügte in einem Dekret vom 28. Februar 1670 die Ausweisung aller Wiener Juden. Den entscheidenden Anstoß zur Ausweisung dürfte allerdings der Umstand gegeben haben, dass die Bürger der Stadt Wien bereit waren, dem Kaiser die Toleranzgebühren der Juden – etwa 10.000 Gulden Schutzgeld jährlich – aus eigener Tasche zu bezahlen. So mussten die etwa 3000 Juden bis 25. Juli 1670 die Stadt verlassen – wenigstens waren diesmal keine Todesopfer zu beklagen. Die Synagoge wurde in eine Kirche »konvertiert«, an deren Stelle heute in der Großen Pfarrgasse die barocke Pfarrkirche St. Leopold steht. Die Inschrift über dem Portal, *Synagoga perversa in ecclesiam conversa,* erinnert bis heute an dieses Ereignis »unter der gütigen Herrschaft« Leopolds I. Die Wiener nannten das Gebiet, in dem sich der Untere Werd befand, seit dieser »zweiten Wiener Geserah« nach dem Kaiser »Leopoldstadt« – eine Bezeichnung, die dem Zweiten Bezirk bis heute erhalten geblieben ist.

DER WEG ZUR EMANZIPATION

Das gewagte Versprechen der Bürger, dem Kaiser das entgangene Schutzgeld der Juden zu ersetzen, blieb Theorie, konnten sie doch nicht einmal ihre eigenen Steuern zahlen. So sah sich Kaiser Leopold I. sehr bald nach dieser Vertreibung aufgrund der wirtschaftlichen Schwierigkeiten, die der Ausfall der Einnahmen aus den Judensteuern und das Darniederliegen des Handels mit sich brachten, gezwungen, einzelne jüdische Kaufleute und Bankiers mit Sonderprivilegien nach Wien zu holen. Diese Hoflieferanten und Finanziers wurden »Hoffaktoren« genannt. Sie waren vom Herrscher abhängig und mussten ihre Sonderstellung mit horrenden finanziellen Leistungen abgelten. Konnten sie diese Verpflichtungen nicht erfüllen, verloren sie auch ihr Aufenthaltsprivileg.

Der bedeutendste Hoffaktor war Samuel Oppenheimer, ein aus der Pfalz stammender Kaufmann und Finanzier. Er organisierte die Heereslieferungen für die Habsburger-Armee im Krieg gegen die Türken, und er hatte wesentlichen Anteil an der Rettung Wiens 1683, als er für Munition und Proviant der Alliierten sorgte. Der »Kriegsoberfaktor« Oppenheimer musste sich dennoch sein Wohnrecht in Wien erst erkaufen, und auch dies brachte ihm noch keine Rechtssicherheit, er unterstand nach wie vor der Gerichtsbarkeit des Kaisers. Um 1700 wurde vom Hof ein Prozess gegen ihn geführt, wodurch er gezwungen war, seine Geschäfte vom Gefängnis aus zu regeln. Samuel Oppenheimers Haus befand sich am Petersplatz und steht heute noch (1, Bauernmarkt 1). Aufgrund der Nähe zur kaiserlichen Burg befanden sich im Gebiet des heutigen Bauernmarkts, der Habsburgergasse und der Bräunerstraße eine Reihe großer Häuser, die von den Familien der Hoffaktoren bewohnt wurden, wobei ein Haushalt bis zu 50 Mitglieder umfasste.

Im Sommer 1700 kam es vor dem Hintergrund einer andauernden Anfeindung Oppenheimers durch die katholische Kirche zu Ausschreitungen vor seinem Haus am Petersplatz, wobei die Fenster eingeschlagen, das Haus geplündert und Geschäftsunterlagen vernichtet wurden. Ausgangspunkt war die Tatsache, dass die Wiener wütend beobachten mussten, wie »der Jude« die Hofleute mit Delikatessen und Luxusgütern versorgte, während sie selbst Not litten. Zwölf Personen wurden während des Tumults getötet oder verwundet. Mit zwei Rädelsführern der Plünderer wurde kurzer Prozess gemacht: Sie wurden am Gitter über dem Eingang des geplünderten Hauses aufgehängt. Gegen weitere Übergriffe stattete der Kaiser Oppenheimer, der auch für die Organisation der habsburgischen Donauflotte sorgte, mit seinem persönlichen Schutz aus.

Auf Oppenheimer, der 1703 starb, folgte sein Mitarbeiter Samson Wertheimer (1658–1724), der die Finanzgeschäfte zwar im selben großen Stil weiterführte, sie aber auf eine breite Basis von Bankverbindungen stellte. Es gelang ihm, das persönliche Vertrauen Kaiser Leopolds I. zu gewinnen, der ihm als Zeichen seiner Verbundenheit die goldene Gnadenkette verlieh.

Samson Wertheimer war aber nicht nur ein hervorragender und umsichtiger Geschäftsmann, er erwarb sich auch große Verdienste um die jüdische Gelehrsamkeit. Als »Privilegierter Rabbiner der gesamten Judenschaft in den kaiserlichen Königreichen und Landen« und Landesrabbiner von Ungarn zählte er zu den bedeutendsten jüdischen Persönlichkeiten in Europa. Sein Haus in Eisenstadt, von dem aus er seine Pflichten als Rabbiner wahrnahm, beherbergt heute das Österreichische Jüdische Museum, auch seine Haussynagoge ist als Bestandteil des Museums zu besichtigen.

Die Söhne und Töchter Oppenheimers und Wertheimers zogen durch Heirat andere bedeutende Familien nach Wien, darunter so berühmte Namen wie Gomperz, Schlesinger, Spitz und Eskeles. Viele von ihnen übernahmen Aufgaben für den Staatshaushalt, trugen enorm zu den Staatseinnahmen bei und nahmen für den Kaiser größte finanzielle Risiken auf sich. Daneben förderten sie die Entwicklung moderner Bildung und Kultur. Sie wurden sogar geadelt, doch verwehrte man ihnen die gesellschaftliche Integration. So blieben sie weiterhin auf den direkten Schutz der kaiserlichen Macht angewiesen. Die Habsburger nutzten das wirtschaftliche Potenzial, über das die Familien der jüdischen Hochfinanz durch weit gestreute Handelsverbindungen verfügten, aber sie setzten immer wieder brutale Vertreibungsakte – so zum Beispiel während des österreichischen Erbfolgekriegs, als die Juden gezwungen wurden, Prag zu verlassen. Neben ihrer Hauptaufgabe als Kriegsfinanziers für die Herrscher leisteten die jüdischen Hoffaktoren auch einen gewaltigen Beitrag zum Aufbau des barocken Wien: Die Karlskirche, die Hofbibliothek (heute Nationalbibliothek) und der Umbau von Schönbrunn durch Nikolaus Pacassi, bei dem das Schloss sein heutiges Aussehen erhielt, wären ohne ihre Gelder kaum zu finanzieren gewesen. Die dafür aufgewendeten Mittel waren erheblich: Für Hofbibliothek und Karlskirche wurde bei den Brüdern Markus und Mayr Hirschel ein Darlehen von einer Viertelmillion Gulden aufgenommen, für den Umbau von Schloss Schönbrunn 300.000 Gulden bei Diego d'Aguilar.

D'Aguilar ist wohl die schillerndste Figur unter den Wiener Hofjuden. Er entstammte einer Maranenfamilie (zwangsgetaufte spanische Juden), kehrte mit seiner Familie in Amsterdam zum Judentum zurück und kam 1722 nach Wien. Als Pächter des Tabakmonopols legte er den Grundstein für die bis heute bestehende und zum Staatshaushalt beitragende Österreichische Tabakregie. Für seine Verdienste erhielt der sephardische Jude den Adelstitel eines Barons.

Diego d'Aguilar war nicht der einzige sephardische Jude in Wien. Ein Passus im Friedensvertrag von Passarowitz von 1718, der die Kriege zwischen der Türkei und dem habsburgischen Österreich beendete, ein Abkommen zwischen Sultan Ahmed III. und Kaiser Karl VI., sicherte den Untertanen des einen Herrschers freien Aufenthalt in den Ländern des anderen zu. So kam es, dass die türkisch-sephardische Gemeinde einen festen Rechtsstatus erhielt, während die österreichischen Juden von einer eigenen rechtlich anerkannten Gemeinde nur träumen konnten. Erst durch die Gründung der Israelitischen Kultusgemeinde im Jahr 1852 verlor die sephardische Gemeinde an Bedeutung und wurde zu einem autonomen Bestandteil der Kultusgemeinde. Der prachtvolle sephardische Tempel wurde im Übrigen erst nach dem Wiener Stadttempel errichtet, er fiel aber wie die meisten anderen Synagogen dem Novemberpogrom von 1938 zum Opfer. Heute verfügt die sephardische Gemeinde wieder über eine eigene Synagoge, die erst vor wenigen Jahren in der Tempelgasse im zweiten Wiener Gemeindebezirk errichtet wurde.

Karl VI. und auch noch Maria Theresia betrieben trotz dieser bedeutenden Leistungen der Hofjuden eine restriktive Politik, die auf eine Minimierung und rigide Beaufsichtigung der Juden in Wien, abzielte. 1777 lebten nicht mehr als 520 Juden in Wien und selbst diese Zahl hielt Maria Theresia für zu hoch. Mit Verboten gegen den Straßenverkauf versuchte man vor allem, die ärmeren Juden von Wien fern zu halten. Und letztlich brachte auch das Toleranzpatent von 1782 keinen Wechsel zu einer projüdischen Politik mit sich.

DAS TOLERANZPATENT JOSEPHS II. UND SEINE FOLGEN

Das von Joseph II. am 2. 1. 1782 erlassene Toleranzpatent für die Juden Wiens und Niederösterreichs bildete den Ausgangspunkt für die schrittweise Emanzipation der Juden. Es sicherte den Juden zwar die freie Religionsausübung zu, die Bildung einer jüdischen Gemeinde und der Bau einer Synagoge blieben ihnen aber noch fast fünfzig Jahre verwehrt. Das Toleranzpatent regelte den Zugang zu bis dahin Juden verschlossenen Berufen und Produktionszweigen. Das jüdische Bildungswesen wurde dem allgemeinen Erziehungswesen angeglichen und Juden der Zugang zur Universität gestattet. Bedeutungsvoll war in diesem Zusammenhang vor allem die Zulassung von Juden zum Studium der Medizin und der Rechte. Die Juden mussten außerdem bürgerliche Familiennamen annehmen und den Militärdienst ableisten. Kaiser Joseph II. wurde für seine ersten Schritte in Richtung Befreiung aus der Unterdrückung noch Generationen hindurch verklärt; die Liebe und Treue zum Haus Habsburg, die viele Juden in der Monarchie empfanden, hatten hier ihren Ursprung.

Durch das Toleranzpatent wurde jedoch keineswegs angestrebt, die Zahl der Juden in Wien zu vergrößern, denn an der rechtlichen Stellung der Juden änderte das Patent wenig. Es blieb bei der Regelung, dass sich ein Jude nur mit einer »Toleranz«, einer Bewilligung, in Wien niederlassen durfte; davor musste noch ein genaues Prüfungsverfahren absolviert werden. Die strikte Überwachung der Juden blieb bei allen neu gewonnenen Freiheiten bestehen, was in die Gesamtkonzeption des josephinischen Zentralstaats passte. Juden konnten nun ihren Wohnsitz frei wählen, auch in den Wiener

Vorstädten, mussten nicht mehr doppelte Gerichts- und Kanzleigebühren bezahlen und waren von der Leibmaut befreit. Lediglich durchreisende Juden, die sich nur wenige Tage in Wien aufhalten wollten, mussten diese Zahlung leisten und sich auch sonst von den Behörden allerlei Schikanen gefallen lassen. Ab 1792 unterstanden sie dem »Judenamt«, einer Abteilung des Polizeidepartements; sie zahlten als Nachfolge der Leibmaut die so genannte »Bollettentaxe« und mussten nach Ablauf von drei Tagen die Stadt wieder verlassen. Viele umgingen diese Bestimmung, indem sie durch ein Stadttor hinaus- und durch ein anderes gleich wieder hineingingen.

Die zahlreichen nichttolerierten Juden standen entweder in Diensten der Oberschicht oder verdingten sich als Hausierer und Straßenhändler. Sie lebten außerhalb der Stadtmauern in den Vorstädten, ein großer Teil siedelte wieder in der Leopoldstadt, dem früheren Unteren Werd. Auch sie mussten wie die durchreisenden Juden die Judenmaut entrichten.

Der weiterhin restriktive Charakter des Patents äußerte sich auch darin, dass nach wie vor keine jüdische Gemeinde gebildet werden durfte. Der Hauptzweck des Toleranzpatents bestand in der erklärten Absicht, die Juden für den Staat nützlich zu machen. Das Kalkül Josephs II. ging auf; die neu zugereisten Juden brachten Wien einen beachtlichen wirtschaftlichen Aufschwung.

Die berufliche und damit soziale Stellung der Juden um 1800 unterschied sich noch wenig von der Situation, die um die Mitte des 18. Jahrhunderts herrschte. Aus einer Familienliste des Jahres 1804 geht hervor, dass die meisten Familienväter in irgendeiner Form als Händler tätig waren. Die Spitze bildeten dabei die Großhändler. Es ist interessant, dass die meisten von ihnen aus den berühmten alten Familien wie Eskeles, Arnsteiner oder Wertheimer stammten. Einer der Arnsteiner beschäftigte sich sogar mit dem Wechselgeschäft. Die anderen Händler vertrieben die verschiedensten Waren: Pferde, Papier, inländische Fabrikate, Wolle, Leder, Seidenerzeugnisse und vieles mehr.

Die Bankiers und Großhändler, die für das Wirtschaftsleben der Monarchie unentbehrlich waren, wurden sogar in den Adelsstand erhoben. Den Kern der tolerierten Wiener Judenschaft bildeten zur Zeit des Wiener Kongresses acht geadelte jüdische Familien. Etwa 1500 Juden hatten den Status von »fremden Juden« mit zeitlich begrenzten Aufenthaltsbewilligungen. Zur weiteren Förderung des Wirtschaftslebens setzte sich Staatskanzler Metternich intensiv für die Niederlassung der Familie Rothschild in Wien ein, die diesem Ruf auch folgte. Salomon Mayer Rothschild weigerte sich, um Toleranz zu bitten, und beantragte auch nie eine Aufenthaltsgenehmigung. Den Einschränkungen für »fremde Juden« musste er sich allerdings fügen. So durfte er weder ein Grundstück noch ein Haus kaufen. Stattdessen mietete sich Salomon im Hotel »Zum Römischen Kaiser« ein, einem »vorzüglichen Einkehr-Wirtshaus«. Dieses Haus lag in der Renngasse an der Ecke zur Freyung, also am Rande des Stadtzentrums in unmittelbarer Nähe des kaiserlichen Hofs und der Staatskanzlei des Fürsten Metternich.

Salomon Rothschild mietete zunächst einige Räume, dann eine Etage und bald das ganze Haus. 1843, nach seiner Ernennung zum (ersten jüdischen) Ehrenbürger der Stadt Wien, konnte er schließlich auch Hausbesitzer werden: Er kaufte den »Römischen Kaiser«, ließ das Haus gründlich umbauen und erwarb das Nachbargebäude dazu.

Auch als Förderer des vormärzlichen Kulturlebens in Wien gelangten einige Juden zu Berühmtheit, allerdings stellten sie in den geschilderten Zusammenhängen nur eine verschwindende Minderheit dar, und der Salon der Arnsteins am Hohen Markt kann nicht als repräsentativ für das Wiener Judentum der Jahre vor 1848 gewertet werden. Im Gegenteil, neben dem Salon der Fanny Arnstein dürfte es keinen vergleichbaren gegeben haben.

1803 gründete Fanny Arnstein am Hohen Markt einen Konversationssalon im eigentlichen Sinn. Dieser wurde zum begehrten »Kunst-Rendezvous der Fremden«. Politisches konnte hier unverblümt zur Sprache gebracht werden. Das Verhältnis zu Frankreich und zu Napoleon, der sich 1810 mit der Kaisertochter Marie Louise vermählt hatte, konnte hier offen diskutiert werden. Seine größte Anziehungskraft erlangte Fanny Arnsteins Salon zur Zeit des Wiener Kongresses. Als in der alten Kaiserstadt die Grenzen und Grundsätze des nachnapoleonischen Europa festgelegt wurden, war das Haus Treffpunkt von Gästen aus ganz Europa. Jeden Dienstag fanden sich dort illustre Persönlichkeiten wie der Herzog von Wellington, Wilhelm von Humboldt oder der preußische Reformer Karl August von Hardenberg ein, um nur einige zu nennen.

Die jüdischen Salondamen – Fanny von Arnstein, ihre Schwester Cäcilia Eskeles, ihre Tochter Henriette, verheiratete Pereira, später Josephine von Wertheimstein, Bertha Zuckerkandl und andere bedeutende Frauen – haben mit ihrem gesellschaftlichen Engagement zum Abbau von antijüdischen Vorurteilen wahrscheinlich mehr beigetragen als andere durch politische Agitation.

Fanny von Arnstein und ihr Mann Nathan wurden auf dem Währinger jüdischen Friedhof (18, Semperstraße 64a) begraben, der nach der 1784 von Kaiser Joseph II. angeordneten Schließung des Friedhofs in der Seegasse 1785 neu errichtet worden war. Auf dem Währinger Friedhof, der bis 1878 belegt wurde, sind die Gräber zahlreicher prominenter geadelter Juden – u. a.Rothschild, Wertheimstein, Königswarter und Todesco – zu finden.

DIE VOLLE GLEICHBERECHTIGUNG

Als am 13. März 1848 die Revolution mit dem Zug zum Niederösterreichischen Landhaus begann, hielt dort ein junger Arzt namens Adolf Fischhof eine zündende Rede, in der er für Presse- und Redefreiheit, Lehr- und Lernfreiheit, konfessionelle Gleichberechtigung, öffentliches Gerichtsverfahren und allgemeine Volksvertretung eintrat. Die Demonstration wurde blutig niedergeschlagen: Das Militär schoss in die Menge, fünf Menschen starben, darunter der jüdische Student Karl Heinrich Spitzer, der als Freiheitsheld in die Geschichte eingehen sollte, und der jüdische Webergeselle Bernhard Herschmann. Die katholischen, protestantischen und jüdischen Gefallenen wurden gemeinsam am Friedhof auf der Schmelz bestattet; für die Juden hielt Isaak Noa Mannheimer seine berühmte Trauerrede, in der es unter anderem hieß:

Als Diener des göttlichen Wortes trete ich hin an dieses Grab, um das Gebet zu sprechen für das Seelenheil unserer dahingeschiedenen Brüder, die gefallen sind im Kampfe für ihr Vaterland ... Es sey mir noch ein Wort vergönnt an meine christlichen Brüder! Ihr habt gewollt, dass die todten Juden da mit Euch ruhen, in Eurer, in einer Erde. Sie haben gekämpft für Euch, geblutet für Euch! Sie ruhen in Eurer Erde! Vergönnt nun aber auch denen, die den gleichen Kampf gekämpft und den schwereren, dass sie mit Euch leben auf einer Erde, frei und unbekümmert wie Ihr ... nehmet auch uns auf als freie Männer, und Gottes Segen über Euch! Ich segne Euch Alle, die Tausende nah und fern im Namen Gottes des Allmächtigen! Amen!

Die starke Beteiligung von Juden an der Revolution verstärkte in den konservativen Kreisen die antijüdische Stimmung, die sich in Flugblättern, Hetzschriften und Karikaturen äußerte. Nach dem Ende der Revolution und der Auflösung des Reichstags durch den jungen Kaiser Franz Joseph I. im März 1849 blieb von den hochfliegenden Plänen der ersten Barrikadentage wenig übrig. Was blieb, war die Tatsache, dass die neue Verfassung keinen Unterschied der Konfessionen mehr kannte. Sonst wurden die Rechte der Juden in manchen Punkten wieder auf die Standards der Toleranzzeit zurückgestutzt. Dennoch war das Jahr 1849 für die österreichischen Juden insofern bedeutsam, als Kaiser Franz Joseph in einer Ansprache für eine jüdische Honoratiorendelegation – wahrscheinlich eher versehentlich – die Begrüßungsformel »israelitische Gemeinde von Wien« verwendete. Dies gab den Anstoß zur weiteren institutionellen Verankerung, die allerdings noch drei Jahre auf sich warten ließ. Im Allgemeinen gilt das Jahr 1852, in dem ein provisorisches Gemeindegesetz erlassen wurde, als das Gründungsjahr der Kultusgemeinde. 1852 gestattete Kaiser Franz Joseph den Bau einer zweiten Synagoge in der Leopoldstadt, die 1854–58 nach den Plänen von Ludwig Förster errichtet wurde. Der prachtvolle Bau in der Tempelgasse 3 wurde 1938 weitgehend zerstört (heute steht nur noch ein Seitenflügel davon). Ein Mosaik auf der Fassade des Desider-Friedmann-Hofs (2, Ferdinandstraße 23/Tempelgasse) zeigt den zerstörten Mittelteil.

Die Jahre zwischen 1851 und 1867 waren für die Juden von einer gewissen rechtlichen Unsicherheit gekennzeichnet, da bedeutende politische Kräfte eine gänzliche Wiederherstellung der vorrevolutionären Zustände anstrebten. So verloren die Juden vorübergehend sogar wieder das Recht, Grund und Boden zu besitzen. Ebenfalls umstritten war die Zulassung zum Beruf des Notars. Immer wieder erlitten die Emanzipationsbestrebungen Rückschläge, erst der Zusammenbruch des neoabsolutistischen Systems nach den verlorenen Schlachten in Italien und gegen Preußen brachte die heiß ersehnte Wende: 1859 zogen drei jüdische Abgeordnete in den Gemeinderat und Anselm von Rothschild ins Herrenhaus ein, und nach dem Austritt aus dem Deutschen Bund und dem Ausgleich mit Ungarn 1867 erließ der Kaiser im Staatsgrundgesetz die völlige bürgerliche Gleichstellung aller. Damit erhielten die Juden endlich die ersehnte volle Gleichberechtigung, und es eröffneten sich ihnen neue Möglichkeiten auf politischem, sozialem, kulturellem und wirtschaftlichem Gebiet. Dies veranlasste viele Juden, aus den übrigen Ländern der Monarchie nach Wien zu ziehen. Die jüdische Gemeinde wuchs rasch: Registrierte die Kultusgemeinde 1860 6200 jüdische Einwohner Wiens, so waren es 1870 bereits 40.200 und zur Jahrhundertwende 147.000, die neue Chancen in der Reichshaupt- und Residenzstadt suchten.

Zweifellos wirkten sich der Liberalismus und der bürgerliche Parlamentarismus zunächst günstig auf die Lage der Juden aus. Das Ende der Zunftverfassung 1859 und die damit eingeführte volle Gewerbefreiheit waren eine entscheidende Voraussetzung für den wirtschaftlichen Aufstieg der nach Wien wandernden Juden. Die Finanzierungsformen hatten sich gründlich verändert, die Staatsbanken, wie sie Arnstein und Eskeles geführt hatten, wurden bedeutungslos, da die Banken nun ihre Funktion innerhalb der Zirkulation des Industriekapitals zu erfüllen hatten. So gründete Rothschild schon 1855 unter Beteiligung finanzkräftiger Hochadeliger die Creditanstalt für Handel und Gewerbe. Es war natürlich nur eine kleine Gruppe, die der Hochfinanz im Rahmen der Industrie und der Banken angehörte; für die große Masse der Neuzuwanderer war wichtig, dass sie in neuen Gewerbezweigen Fuß fassen konnten.

EXKURS: DER BAU DES STADTTEMPELS UND DER AUFBAU DER KULTUSGEMEINDE

Die ersten Bethäuser entstanden in Wien vor mehr als 800 Jahren, belegt durch die urkundliche Erwähnung der mittelalterlichen Synagoge am heutigen Judenplatz im Jahr 1294. Sie wurde 1420/21 im Zuge der Wiener Geserah zerstört. Die Synagoge der um 1625 gegründeten »zweiten Judenstadt« am Unteren Werd wurde nach deren Auflösung 1669 in eine katholische Kirche umgewandelt. Erst Jahrzehnte später, nach dem Frieden von Passarowitz 1718, begann sich eine sephardische Gemeinde türkischer Juden zu konstituieren, die im 19. Jahrhundert mit der Förderung von Kulturvereinen und der Herausgabe einer Zeitschrift ihre Hochblüte erlebte. Aufgrund des Toleranzpatents war es den Wiener Juden von 1811 an möglich, Gottesdienst und Religionsunterricht im Dempfingerhof am Katzensteig (der heutigen Seitenstettengasse) abzuhalten. Das Objekt wurde von Michael Lazar Biedermann und Isaak Löw Hofmann, später von Hofmannsthal, angekauft. Dies war nach dem Judenspital neben dem Friedhof in der Seegasse das zweite Haus im Besitz der jüdischen Vertreter, also ein kleiner Schritt in Richtung Gemeindeeigentum. 1824–26 wurde die Synagoge in der Seitenstettengasse 4 nach den Plänen von Josef Kornhäusel errichtet. Der äußerlich unscheinbare Bau wurde den damaligen Bauvorschriften folgend in ein Wohnhaus integriert – ein Umstand, der die Zerstörung beim Novemberpogrom 1938 verhinderte. Mit diesem Bau gelang es den Wiener Juden erstmals seit der Vertreibung von 1670, wieder ein geistiges und religiöses Zentrum zu errichten, das Synagoge, Schule und rituelles Bad vereinigte. Die Einweihung nahm Isaak Noa Mannheimer, der auch als Rabbiner der Wiener Judenschaft fungierte, am 9. April 1826 vor. Den Titel eines Rabbiners durfte er offiziell allerdings erst nach der Konstituierung der Israelitischen Kultusgemeinde im Jahre 1852 führen. Der liberale Mannheimer kämpfte gemeinsam mit dem am Stadttempel wirkenden Kantor und Komponisten Salomon Sulzer um die Wahrung der Einheit der Kultusgemeinde und konnte den Bruch zwischen Orthodoxie und Reform verhindern. Salomon Sulzer, der unter anderem mit Franz Schubert befreundet war, ist als Komponist weit über die Grenzen der jüdischen Musik hinaus bekannt geworden. Nachdem 1852 das provisorische Gemeindegesetz in Kraft getreten war, fungierte als erster Präsident von 1853 bis 1863 Leopold von Wertheimstein. Noch im vorigen Jahrhundert wurden von der Kultusgemeinde zahlreiche Wohlfahrtsinstitutionen gegründet: ein Mädchen-Waisenhaus, ein Knaben-Waisenhaus (1911), jüdische Volksküchen, das Altersheim in der Seegasse (1888), das Taubstummen-Institut, das jüdische Blinden-Institut; ferner übernahm die Kultusgemeinde das von Anselm Rothschild gegründete so genannte »Rothschild-Spital« in Währing auf dem Währinger Gürtel. Das

Altersversorgungsheim in der Seegasse im Neunten Bezirk, welches im Jahr 1888 errichtet worden war, wurde weitergeführt und ausgebaut. Es bestand, wenn man von der Unterbrechung durch den Nationalsozialismus absieht, bis 1972. Dann wurde das neue Maimonides-Zentrum im Neunzehnten Bezirk in der Bauernfeldgasse errichtet. Im September 1929 wurde die Schlusssteinlegung der Bauten am neuen Israelitischen Friedhof, beim IV. Tor des Zentralfriedhofs, vollzogen.

Der Rabbiner Zwi Perez Chajes gründete 1919 ein jüdisches Gymnasium, das bis 1938 bestand und im Jahr 1984 in der Castellezgasse im Zweiten Bezirk wieder eröffnet wurde. Fünf Theater führten in der Leopoldstadt jiddische Stücke auf. In den fünfundneunzig Synagogen im Wien der Zwischenkriegszeit, den zahlreichen »Stübln« (Gebetsräumen), Kinderschulen und Jeschiwot wurden die Traditionen von Religion und Gelehrsamkeit weitergegeben. Die Anzahl der jüdischen Vereine, in denen jede Möglichkeit zu kultureller, sportlicher und sozialer Betätigung geboten wurden, ging in die Hunderte; allein im Zweiten Bezirk waren es über fünfzig – insgesamt alles Zeichen einer blühenden jüdischen Gemeinde, die nach 1938 von den Nationalsozialisten systematisch zerstört wurde.

ZWISCHEN AUFBRUCH UND UNTERGANG

Das jüdische Großbürgertum war Mitte des 19. Jahrhunderts bereits voll in die österreichische Gesellschaft integriert, viele der führenden Vertreter aufgrund ihrer Verdienste in den Adelsstand erhoben. Die großen Bankiers- und Kaufmannsfamilien veränderten mit ihrer Bautätigkeit das Bild der Stadt: Ihre Palais an der Ringstraße und in der Innenstadt sind bis zum heutigen Tag ein wesentlicher Bestandteil des Wiener Stadtbildes. Aus der Vielzahl der heute noch vorhandenen Bauten sei auf das Palais Wertheim (1, Schwarzenbergplatz 17), das Palais Todesco (1, Kärntner Straße 51), das Palais Epstein (1, Dr.-Karl-Renner-Ring 1) oder das Palais Ephrussi (1, Dr.-Karl-Lueger-Ring 14) hingewiesen. Diese Palais wurden von Ringstraßenarchitekten wie Heinrich Ferstel oder Theophil Hansen errichtet und beherbergen heute überwiegend Büros und Geschäftsräume. Kunst- und kulturbegeisterte jüdische Großbürgerfamilien setzten hier die von Fanny von Arnstein begonnene Tradition der literarischen Salons fort. Diese waren nicht nur Treffpunkt etablierter Künstler, sondern standen auch aufstrebenden jungen Talenten und neuen künstlerischen Strömungen offen, die zum Teil von jüdischen Intellektuellen getragen wurden. Sie waren die Keimzelle dessen, was bis zum heutigen Tag als Aufbruch in die Moderne begeistert rezipiert wird. Der freie Zugang zu allen Bereichen der Gesellschaft führte auch dazu, dass sich viele junge Juden Berufen in der Wissenschaft und im kulturellen Bereich – von der bildenden Kunst bis zu Theater und Publizistik – zuwandten, da sie nicht die Berufstraditionen ihrer Väter und Großväter fortsetzen wollten. Von ihrem Engagement gingen zahlreiche Impulse für die Wissenschaften und das Kultur- und Geistesleben Wiens aus, die die Stadt um die Jahrhundertwende zu einem Zentrum der Avantgarde werden ließen.

Begleitet wurde diese Entwicklung von einem großzügigen sozialen Engagement des jüdischen Großbürgertums, das sich in der Errichtung von Stiftungshäusern, Spitälern und anderen sozialen Einrichtungen (Altenheimen, Kindergärten etc.) äußerte, die auch den nichtjüdischen Einwohnern Wiens zur Verfügung standen und zum Teil heute noch bestehen, wie etwa das Neurologische Krankenhaus auf dem Rosenhügel, das auf eine Stiftung Nathaniel von Rothschilds zurückgeht, der seinerzeit 20 Millionen Kronen für den Bau dieser Nervenheilanstalt zur Verfügung stellte, oder das Mautner-Markhofsche Kinderspital (3, Baumgasse), das noch heute den Namen seines Stifters Adolf Ignaz Ritter Mautner von Markhof trägt.

Dies war jedoch nur die eine Seite, die allzu gern verklärt wird, während jene Entwicklungen, welche die Polarisierungstendenzen in der Gesellschaft verstärkten, meist unberücksichtigt bleiben: Von den Massen, die in der zweiten Hälfte des 19. Jahrhunderts aus allen Teilen der Monarchie in die Haupt- und Residenzstadt strömten, war ein Großteil Juden. Mit der Verfassung von 1867 waren auch sie gleichberechtigte Staatsbürger geworden, durften ihren Wohnsitz frei wählen, in den Staatsdienst eintreten, in Wien Grundbesitz erwerben und ohne Einschränkung die Universitäten besuchen. Die Folge war eine beispiellose Zuwanderungswelle, die zum oben erwähnten raschen Anwachsen der jüdischen Bevölkerung Wiens führte und die der Donaumetropole, verglichen mit anderen Städten, einen der höchsten Anteile an jüdischer Bevölkerung bescherte.

Die in diesen Jahren zugewanderten Juden stammten überwiegend aus den böhmischen Kronländern und aus Ungarn. Die Juden aus Böhmen waren – im Unterschied zur Masse der böhmischen Zuwanderer – in der Regel deutschsprachig und fühlten sich auch dem deutschsprachigen Kulturkreis verpflichtet, eine Tatsache, die sie auch den Nationalisten der Kronländer suspekt erscheinen ließ. Oft waren sie wohlhabend oder brachten zumindest ein kleines Startkapital mit, was ihre rasche Etablierung in Wien zusätzlich erleichterte. Die Vätergeneration suchte und fand den gesellschaftlichen Erfolg auf den Gebieten des Handels und der Wirtschaft, die Söhne wurden nicht selten Wissenschaftler und Künstler. Sigmund Freud, Gustav Mahler, Karl Kraus, Franz Werfel sind nur einige der vielen Träger großer Namen, die in erster oder zweiter Generation aus Böhmen zugewanderten jüdischen Familien entstammten.

In den Achtziger- und Neunzigerjahren des 19. Jahrhunderts kam es zu einer neuen massiven jüdischen Zuwanderungswelle, diesmal aus Galizien. Auslöser dafür war die Beschuldigung, jüdische Revolutionäre seien maßgeblich an der Ermordung Zar Alexanders II. im Jahre 1881 beteiligt gewesen. Die daraus resultierenden Pogrome führten zu einer Massenflucht russischer Juden nach Galizien. Die schwierige Situation in diesem von Arbeitslosigkeit und Hunger geprägten Gebiet verschärfte sich dadurch noch zusätzlich. Hunderttausende Juden versuchten der Not und Hoffnungslosigkeit zu entfliehen und verließen ihre Stetl, um in europäischen Großstädten ihr Glück zu versuchen, wobei Wien eines ihrer Hauptziele war. Diese »Ostjuden« unterschieden sich in Sprache, Religion, in ihrer gesamten Erscheinung gänzlich von den bisherigen jüdischen Zuwanderern. Sie waren Hausierer, kleine Handwerker oder Taglöhner und sprachen Jiddisch. Optisch waren sie durch die traditionellen Schläfenlocken und ihre Kleidung (Kaftan etc.) in ihrer Herkunft klar erkennbar. Die Wiener verachteten Jiddisch zwar als verunstaltetes Deutsch, was sie allerdings nicht daran hinderte, viele jiddische Ausdrücke wie »Schmäh«, »Beisl« oder »Haberer« in die wienerische Alltagssprache zu übernehmen. Die Zuwanderer wurden von allen Seiten angefeindet: von den eingesessenen, assimilierten, vielfach auch getauften Wiener Juden, die eine tiefe kulturelle und soziale Kluft von ihnen trennte, und von der nichtjüdischen Bevölkerung, in der die antisemitischen Strömungen stärker wurden. Hass und Neid auf die wirtschaftlichen Erfolge der assimilierten, großbürgerlichen Juden waren der Nährboden für den Antisemitismus gewesen, jetzt glaubte man in der fremdartigen Erscheinung der Ostjuden sein Feindbild bestätigt zu sehen.

Einen entscheidenden Anteil an dieser Entwicklung hatte eine der schillerndsten Persönlichkeiten der Wiener Stadtgeschichte: Karl Lueger. Kein Wiener Bürgermeister genoss jemals eine solch unglaubliche Popularität wie der »schöne Karl«, der »Herrgott von Wien«, wie Lueger oft tituliert wurde. Das Urteil der Nachwelt über ihn ist zwiespältig: Zeichnen die einen das Bild des hemmungslosen Demagogen, der mit übelstem Antisemitismus die Massen aufhetzte, so sehen andere in ihm einen geradezu genialen Kommunalpolitiker, der die Grundlagen für die Entwicklung Wiens zur modernen Metropole legte. Aus heutiger Sicht trifft beides zu: Um an die Macht zu gelangen, nutzte Lueger geschickt die vorhandenen antijüdischen Vorurteile; seine Ideologie, eine Mischung aus politischem Klerikalismus und Agitation gegen »die Juden«, ist geradezu das Gegenbild zum geistig-kulturellen Aufbruch in die Moderne, der in Wien in diesen Jahren stattfand und entscheidend von der jüdischen Intelligenz und dem jüdischen Großbürgertum mitgetragen wurde. Es war andererseits aber gerade jener politisch reaktionäre Lueger, der als Kommunalpolitiker ein großzügiges Reformprogramm verwirklichte, das die Entwicklung Wiens zur Großstadt modernen Zuschnitts erst ermöglichte. Auch Kaiser Franz Joseph hatte mit der Demagogie und dem Antisemitismus Luegers seine Probleme und verweigerte ihm mehrmals die Ernennung zum Bürgermeister, ehe er sich den politischen Realitäten beugte.

ZWISCHEN SOZIALISMUS UND ZIONISMUS

Trotz ihres Bemühens um Anpassung und Integration lebten die Wiener Juden in einer Atmosphäre ständiger Beschimpfungen und Bedrohungen. Der Aufstieg Luegers machte deutlich, dass Antisemitismus noch immer ein bewährtes Mittel war, die Massen zu gewinnen. Dies führte bei vielen jüdischen Intellektuellen zu Überlegungen über Strategien gegen den immer gefährlicher werdenden Antisemitismus. Anpassung oder neue Ansätze in der Definition jüdischer Identität waren die beiden Pole, zwischen denen die Positionen lagen. Viele der assimilierten Intellektuellen engagierten sich in der Sozialdemokratie: Victor Adler, Otto Bauer, Hugo Breitner, Robert Danneberg, Julius Deutsch oder Julius Tandler zählten zu jenen führenden Persönlichkeiten, die die Meinung vertraten, in einer egalitären Gesellschaft sei kein Platz für antijüdische Vorurteile. Sie versuchten ihre Ideen nach dem Untergang der Habsburgermonarchie im »Roten Wien« der Zwischenkriegszeit zu verwirklichen. Trotz eindrucksvoller Errungenschaften im Schul- und Bildungswesen, im sozialen Wohnbau und anderen Bereichen der Kommunalpolitik konnten sie den Antisemitismus nicht eindämmen und den Aufstieg des Nationalsozialismus nicht verhindern.

Einer, dessen Weg von der völligen Anpassung an die bewunderte deutsche Kultur zu einem neuen jüdischen Selbstbewusstsein führte, war Theodor Herzl. Als Student hatte man ihn seiner jüdischen Herkunft wegen aus einer deutschnationalen Burschenschaft ausgeschlossen; als Korrespondent der *Neuen Freien Presse* erlebte er den Dreyfus-Prozess und musste erfahren, dass im angeblich weltbürgerlichen und fortschrittlichen Frankreich selbst der Offiziersrang einen Juden nicht davor schützte, zum Opfer antisemitischer Hetze zu werden. Herzls 1896 erschienene Broschüre *Der Judenstaat. Versuch einer modernen Lösung der Judenfrage* suchte den Ausweg in der Gründung eines eigenen jüdischen Staates in Palästina. Während die armen Juden Osteuropas diese Idee mit Begeisterung aufnahmen, stand ihr das etablierte jüdische Großbürgertum anfangs eher reserviert gegenüber. Erst die Zuwanderungswellen aus Galizien während des Ersten Weltkriegs und die Entwicklungen der Zwischenkriegszeit verschafften der zionistischen Bewegung auch aus diesem Teil der Wiener Judenschaft Zulauf.

Als letzte Möglichkeit religiös-politischer Haltung sei hier die Orthodoxie erwähnt. Den größten Einfluss hatte die 1912 in Kattowitz gegründete Agudas Jisroel, die sich um eine Vertiefung der religiösen Grundlagen im Leben der Kultusgemeinde bemühte. Dazu diente eine Reihe von Einrichtungen, wie eine Bibliothek, Toraschulen und die Betreuung von Jugendlichen, die zu einem Leben auf der Basis der Tora erzogen werden sollten. Die Orthodoxen waren an sich antizionistisch, bereiteten aber Auswanderungswillige auf ihre Aufgaben vor. Vor allem wollte man das religiöse Schulwesen in Palästina stärken. Ein wichtiges Zentrum war der 1897 gegründete Schiffschulverein.

DAS FIN DE SIÈCLE UND DER AUFBRUCH IN DIE MODERNE

Jahrhundertelang hatten repressive Gesetze Juden den Zugang zu vielen Berufen und Bildungszweigen verwehrt. Nun, da ihnen alle Tore offen zu stehen schienen, entwickelten viele Juden ein Leistungsstreben und einen Bildungseifer, die umso stärker wogen, als sie in Wien auf eine behäbig gewordene Konkurrenz trafen. Die hohe Achtung, die religiöse Gelehrsamkeit seit jeher im Judentum genoss, wurde von den weitgehend säkularisierten Zuwanderern auf die ihnen nun uneingeschränkt zugängliche Bildung und Wissenschaft übertragen. Nach Statistiken aus den Jahren 1912 und 1913 waren ein Drittel aller Gymnasiasten, mehr als 40 % der Medizinstudenten und mehr als ein Viertel der Jusstudenten Juden. Sie bevorzugten die freien Berufe Rechtsanwalt und Arzt, bereits 1889 stellten sie mehr als die Hälfte der Wiener Anwälte. Die Aufbruchstimmung in Wissenschaft und Kunst wurde durch großzügige Beiträge jüdischer Stifter und Mäzene gefördert: Sie zählten zu den Gründern des Wiener Musikvereins und der Secession, errichteten Forschungsstätten wie die Wiener Volkssternwarte, die auf Moriz von Kuffner zurückgeht, oder vererbten ihre Villa samt Garten der Stadt, mit der Auflage, diese öffentlich zugänglich zu machen (Wertheimsteinpark samt Villa, heute Bezirksmuseum Döbling in der Döblinger Hauptstraße 96).

Dabei darf aber auch nicht vergessen werden, dass mit der drastischen Veränderung der Berufs- und Sozialstrukturen des Wiener Judentums und mit der in der gesamten Gesellschaft voranschreitenden Säkularisierung auch eine verstärkte Assimilation Hand in Hand ging, so dass viele der jüdischen Intellektuellen ihre traditionelle Bindung an das Judentum verloren. Die jüdische Herkunft vieler Wissenschaftler, Künstler und anderer Intellektueller heute in einem historischen Rückblick hervorzustreichen ist daher problematisch und gerät leicht in den Verdacht, »Rassenpolitik mit umgekehrtem Vorzeichen« zu betreiben. Die jüdische Herkunft gewinnt erst vor dem Hintergrund der Verfolgung alles Jüdischen durch die Nationalsozialisten wieder an Bedeutung – erst durch »die Vertreibung des Geistigen« wird bewusst, welch großen Anteil das Judentum an der österreichischen Kultur und Wissenschaft des 19. und 20. Jahrhunderts hat. Aus der Vielzahl an Persönlichkeiten können hier nur einige der bekanntesten aus den verschiedenen Bereichen des Kultur- und Geisteslebens angeführt werden.

Der Ruhm der Wiener Medizinischen Schule geht zu einem guten Teil auf die Leistungen von Ärzten jüdischer Herkunft zurück: Julius Tandler, Emil Zuckerkandl, Ernst Fuchs, Josef Breuer, Carl Sternberg, Julius Schnitzler, Ludwig W. von Mauthner, Ernst Löwenstein, Robert Bárány, Otto Loewi, David Gruby, Josef Halbans, Adam Politzer, Viktor E. Frankl, Leopold Freund oder der Individualpsychologe Alfred Adler sind nur einige der in der Wissenschaft klingenden Namen – Bárány (1914) und Loewi (1936) wurden für ihre Leistungen sogar mit dem Nobelpreis für Medizin ausgezeichnet. Weltweit eine der herausragendsten Persönlichkeiten der Wissenschafts- und Kulturgeschichte ist wohl Sigmund Freud, der mit der Entwicklung der Psychoanalyse neue Methoden zur Erforschung der menschlichen Psyche und zur Behandlung psychischer Störungen erschloss und wenige Monate vor seinem Tod von den Nazis ins Londoner Exil vertrieben wurde. Seine Wohnung und Praxis in der Berggasse 19 ist heute ein Museum.

Der Rechtslehrer Hans Kelsen ist einer der wichtigsten Vertreter des Rechtspositivismus und der Schöpfer der österreichischen Verfassung. Im naturwissenschaftlichen Bereich sind Siegfried Marcus als Erfinder des Automobils, Lise Meitner, Wolfgang Pauli (Nobelpreis 1945) und Felix Ehrenhaft als Physiker, Max F. Perutz (Nobelpreis 1962) als Biochemiker, Julius von Wiesner als Botaniker, Fritz Feigl, Leo Grünhut, Edmund von Lippmann und Otto von Fürth als Chemiker und Samuel Oppenheim als Astronom beispielhaft zu erwähnen.

Besonders eindrucksvoll ist der Beitrag der Wiener Juden zu Musik, Literatur, Presse, bildender und darstellender Kunst des ausgehenden 19. und der ersten Jahrzehnte des 20. Jahrhunderts. Am Aufbruch Wiens in die Moderne hatten die Wiener Juden sowohl auf Seiten der Förderer und Auftraggeber als auch als Kulturschaffende Anteil: In den Salons des jüdischen Großbürgertums fanden die Künstler das geeignete Forum für ihre neuen Ideen, hier erhielten die Designer der Wiener Werkstätte und die Jugendstilarchitekten einen erheblichen Teil ihrer Aufträge. Im Salon Berta Zuckerkandls wurde auch die Idee zur Gründung und zum Bau der Wiener Secession geboren.

Berta Zuckerkandl (1864–1945) entstammte einer wohlhabenden jüdischen Familie aus Galizien. Ihr Vater, Moriz Szeps, war ein bekannter Journalist, Gründer des liberalen *Neuen Wiener Tagblattes* und enger Berater von Kronprinz Rudolf, dem Sohn Kaiser Franz Josephs. Nach ihrer Heirat mit dem Arzt Emil Zuckerkandl wurde ihr Haus in der Wiener Nußwaldgasse rasch zu einem beliebten Treffpunkt der Wiener Künstler und Literaten. Hermann Bahr, Gustav Klimt, Richard von Krafft-Ebing und die Avantgarde des Jugendstils fanden sich hier regelmäßig ein. Der Publizist Karl Kraus nannte Berta Zuckerkandl einmal sarkastisch die »Hebamme der Kultur«.

In der klassischen Musik der Jahrhundertwende nahmen Komponisten wie Gustav Mahler, Arnold Schönberg, Egon Wellesz, Erich Korngold und Alexander Zemlinsky eine herausragende Stellung ein, und im Genre der Operette glänzten Oscar Straus, Emmerich Kálmán, Leo Fall und Edmund Eysler. Dass auch Johann Strauß (Sohn), der Wiener Walzerkönig, jüdische Vorfahren hatte, wurde von den Nationalsozialisten verschwiegen.

Die Liste der Wiener Literaten und Publizisten jüdischer Herkunft ist besonders lang und umfasst einen wesentlichen Teil der österreichischen Literaturgeschichte des 20. Jahrhunderts: Arthur Schnitzler setzte sich in seinem Roman *Der Weg ins Freie* mit allen Herausforderungen auseinander, denen sich ein Jude seiner Zeit gegenübersah – Assimilation versus Tradition, Antisemitismus, Zionismus, Sozialismus; Richard Beer-Hofmann, der im Gegensatz zu den meisten seiner Kollegen sein Judentum stolz und bewusst vertrat, wurde durch sein berührendes Gedicht für seine Tochter, *Schlaflied für Mirjam,* berühmt. Weitere Namen: Hermann Bahr, Hugo von Hofmannsthal, Peter Altenberg, Karl Kraus, Jakob Wassermann, Alfred Polgar, Franz Werfel, Stefan Zweig, Franz Kafka, Friedrich Torberg, Hans Weigel, Elias Canetti, Hugo Bettauer, Fritz Hochwälder, Josef Roth, Felix Salten, Hilde Spiel, Jura Soyfer, Manès Sperber, Vicki Baum ... – jeder steht für ein ganz spezifisches Beispiel österreichischer Literatur, wobei »österreichisch« für das Einzugsgebiet der Habsburgermonarchie steht, da viele der hier angeführten Schriftsteller aus den verschiedensten Gebieten der Monarchie kamen und in Wien den künstlerischen Durchbruch schafften, ehe sie von den Nationalsozialisten verfolgt und geächtet wurden.

Das gilt auch für Publizisten wie Egon Friedell, Karl Ausch, Friedrich Austerlitz oder Anton Kuh, für Philosophen wie Ludwig Wittgenstein, Karl Popper, Martin Buber, Josef Popper-Lynkeus, für Kabarettisten wie Karl Farkas, Fritz Grünbaum, Hermann Leopoldi oder Hugo Wiener, für Regisseure wie Max Reinhardt, Fritz Kortner oder Leopold Lindtberg. Einige gerieten durch die Verfolgung in Vergessenheit, andere konnten – so sie den NS-Terror überlebten – ihre Karriere nach dem Zweiten Weltkrieg fortsetzen. Manche machten erst in der Emigration die große Karriere, etwa Billy Wilder, Fred Zinnemann und Otto Preminger, die zu Synonymen für den erfolgreichen Hollywood-Film wurden.

VOM JUDENHUT ZUM GELBEN STERN

Die Diskriminierung und Verfolgung der Juden ist keine Erfindung des Nationalsozialismus, sie hat in Europa insgesamt wie auch speziell in Wien eine lange Tradition: Die katholische Kirche bekämpfte die Juden jahrhundertelang aus religiösen Motiven, das christliche Bürgertum aus wirtschaftlichem Konkurrenzneid. Dies waren neben der wirtschaftlichen Krise der Zwischenkriegszeit die Gründe, warum der Rassenwahn des Nationalsozialismus auch in Österreich und Wien einen fruchtbaren Boden fand.

Vor dem Holocaust kam es in Wien – wie bereits erwähnt – zweimal zu groß angelegten Vertreibungen (1421 und 1670), diskriminierende Verordnungen und persönliche Übergriffe gegen Juden waren bis ins 19. Jahrhundert die Regel. So zwang man sie z. B. im Mittelalter einen Bart und einen besonderen spitzen Hut zu tragen, um sie deutlich sichtbar aus der Gesellschaft auszugrenzen. Im Judenpatent Kaiser Ferdinands I. von 1551 wurde ihnen befohlen, ein Zeichen in Form eines gelben Kreises deutlich sichtbar auf ihrer Kleidung anzubringen – eine Tradition, die mit dem gelben Stern der Nationalsozialisten wieder aufgegriffen wurde.

In der Zeit zwischen den beiden Weltkriegen häuften sich nach einem Jahrhundert jüdischer Emanzipation die von Christlichsozialen, Deutschnationalen und Nationalsozialisten geschürten antisemitischen Ausschreitungen – zum religiös und wirtschaftlich motivierten Judenhass gesellte sich der politische. Mit dem Einmarsch der Deutschen Wehrmacht und der Eingliederung Österreichs in das Deutsche Reich in der Nacht zum 12. März 1938 endete die Geschichte der Ersten Republik. Für die jüdische Bevölkerung Österreichs begann die größte Katastrophe ihrer Geschichte. Bereits am Tag nach der Annexion Österreichs kam es zu den ersten Ausschreitungen und Übergriffen gegen Juden. Man trieb sie durch Wien, ließ sie die Straßen aufwaschen, quälte und schikanierte sie auf verschiedenste Weise. Viele Österreicher sahen tatenlos zu oder machten mit.

Parallel zu den öffentlichen Demütigungen begannen Nationalsozialisten, aber auch opportunistische Nichtparteimitglieder, ihre jüdischen Mitbürger auszurauben: Ihre Geschäfte wurden zuerst geplündert und dann geschlossen, unter dem Vorwand einer Hausdurchsuchung wurden Privatwohnungen gestürmt und Wertgegenstände geraubt. Die Raubzüge nahmen bald ein Ausmaß an, dass die NS-Führung um das Gelingen der planmäßigen »Entjudung der Ostmark« und der »ordnungsgemäßen Überführung ihres Besitzes in deutsche Hände« zu fürchten begann.

Bereits im Oktober 1938 spitzte sich die Situation für die Juden von Wien erneut zu. Am 14. Oktober 1938 wurden sieben Synagogen geschändet, in der Nacht des 18. Oktober wurde auf die Talmud-Tora-Schule in der Malzgasse ein Brandanschlag verübt; dort waren damals die Bestände des ersten Jüdischen Museums eingelagert. Der Mord am deutschen Diplomaten Ernst vom Rath in Paris durch den jungen polnischen Juden Herschel Grynszpan diente den NS-Machthabern als Vorwand, längst geplante Gewaltmaßnahmen zur endgültigen Vertreibung der Juden aus dem öffentlichen Leben durchzuführen. Die Polizei von Wien wurde bereits in der Nacht des 9. November 1938 von den bevorstehenden Ausbrüchen des »spontanen Volkszorns« informiert. Rollkommandos der SS verwüsteten in den frühen Morgenstunden des 10. November systematisch, innerhalb weniger Stunden, allein in Wien an die 50 Synagogen bzw. Bethäuser; fast alle wurden in Brand gesteckt. Die Feuerwehr wurde angewiesen, nur das Ausbreiten der Brände zu verhindern. Die religiösen und sozialen Zentren des Judentums und damit dessen geistige Lebensgrundlagen wurden mit einem Schlag vernichtet. Parallel dazu kam es erneut zu öffentlichen Misshandlungen, Demütigungen und Plünderungen, obwohl letztere bereits unter Strafe standen. Mehr als 4000 jüdische Geschäfte und an die 2000 Wohnungen wurden in diesen Tagen allein in Wien geplündert. Über 6000 Juden wurden festgenommen, ein großer Teil davon in das Konzentrationslager Dachau transportiert.

Die Nürnberger Rassengesetze hatten ab Mai 1938 auch im besetzten Österreich Gültigkeit, verschärft durch zahllose antijüdische Verordnungen. Sie führten Schritt für Schritt zum vollständigen Entzug der Freiheitsrechte, zum Ausschluß aus nahezu allen Berufszweigen, zur Verweigerung des Zugangs zu Schulen und Universitäten. Ab Februar 1939 wurden die Zusatznamen »Israel« und »Sara« verordnet und der Zwang zum Tragen des gelben Judensterns ab 12. September 1941 machte den Alltag der Juden, ohnehin schon täglich von Gewalt bedroht, zum Spießrutenlauf. Die jüdischen Organisationen und Institutionen wurden aufgelöst. Damit wollten die Nationalsozialisten die Juden zunächst zur Emigration zwingen – mit Erfolg: In Adolf Eichmanns »Zentralstelle für jüdische Auswanderung« – sie residierte gleichsam als Ironie der Geschichte im Palais Rothschild in der Prinz-Eugen-Straße 22 – konnten Juden unter Zurücklassung nahezu ihres gesamten Vermögens oder mit finanzieller Unterstützung internationaler Hilfsorganisationen versuchen, »legal« zu fliehen. So gelang bis Ende 1941 mehr als 130.000 Juden die Flucht, über 30.000 davon emigrierten in die USA.

Nach der Wannseekonferenz im Januar 1942, bei der die vollständige Vernichtung der Juden beschlossen wurde, fielen die meisten der noch in Wien verbliebenen Juden der Tötungsmaschinerie des NS-Regimes zum Opfer: Von den mehr als 60.000 Wiener Juden, die in Konzentrationslager gebracht worden waren, überlebten nur wenig mehr als 2000.

DER NEUBEGINN

Der Neubeginn nach dem Ende des Zweiten Weltkriegs und dem Zusammenbruch des NS-Regimes gestaltete sich äußerst schwierig und die jüdische Gemeinde sollte sich von der systematischen Zerstörung durch die Nazis bis zum heutigen Tage nicht erholen, was sich vor allem in ihrer zahlenmäßigen Größe deutlich zeigt. 1945 gab es kaum überlebende Wiener Juden, die Gemeinde zählte etwa 1000 bis 1500 Mitglieder. Durch die Rückkehr einiger weniger jüdischer Emigranten und KZ-Häftlinge sowie Zuwanderer aus anderen Ländern wuchs die jüdische Gemeinde 1946 auf rund 5000 Mitglieder. Zum Vergleich: In den verschiedenen Asylländern lebten ungefähr 80.000 österreichische Juden. Das offizielle Österreich unternahm weder während der Besatzungszeit noch nach 1955 besondere Anstrengungen, die österreichischen Juden verstärkt zur Rückkehr aus der Emigration einzuladen, und machte sich auch nur sehr zögerlich Gedanken über die Rückstellung arisierten Vermögens – ein Problem, das bis heute nicht wirklich befriedigend gelöst ist. In diesem Zusammenhang ist auch bemerkenswert, dass erst die Gedenkveranstaltungen des Jahres 1988 und die Stellungnahme der österreichischen Bundesregierung im Juli 1991 im Zeichen eines Bekenntnisses zur Beteiligung von Österreichern an den Verbrechen des Dritten Reichs standen. Ereignisse, die allerdings auch als positiver Abschluss eines zähen Ringens kritischer jüdischer wie nichtjüdischer Österreicherinnen und Österreicher um eine Aufarbeitung der Geschichte Wiens und Österreichs zu sehen sind.

Die Rahmenbedingungen für diejenigen Juden, die sich in Österreich niederlassen wollten, waren nach dem Zweiten Weltkrieg alles andere als gut: Die jüdischen Heime in der Seegasse, in der Augartenstraße und in der Tempelgasse waren überfüllt, da die Rückwanderer und Überlebenden aus den Konzentrationslagern zuerst keine öffentliche Hilfe bekamen. Ihre ehemaligen Wohnungen waren – soweit sie nicht zerstört waren – oft noch von den Ariseuren bewohnt und ihnen nicht zugänglich.

Die ersten drei Rückstellungsgesetze, die bis 1947 erlassen wurden, stellten einen Kompromiss dar, der den politischen Erwägungen nach außen und nach innen Rechnung trug. Für einige zurückgekommene Juden war beispielsweise die erfolgte Rückerstattung ihres Betriebes insofern problematisch, als sie den bei der Arisierung festgesetzten Verkaufspreis zurückzuzahlen hatten. So konnte es vorkommen, dass sie dem Ariseur einen Preis zahlen mussten, den sie selbst nie erhalten hatten, da sie vom Verkaufspreis diskriminierende Steuern wie die so genannte Reichsfluchtsteuer und Judenvermögensabgabe hatten zahlen müssen. In den Fällen, wo die Geschäfte nicht mehr bestanden, da der Ariseur in Konkurs gegangen war, gab es nichts mehr zurückzustellen.

Das Zurückweisen der Mitverantwortung, die fragwürdige Entnazifizierung und der einsetzende Kalte Krieg schufen eine Atmosphäre, in der die jüdischen Opfer des Nationalsozialismus immer mehr in die Defensive gerieten. Im Herbst 1948 konnten die ersten Gruppen jüdischer *displaced persons* legal nach Israel ausreisen. Obwohl der weitaus größte Teil der jüdischen *displaced persons* Österreich nur als Durchgangsland auf dem Weg in eine neue Heimat betrachtete, integrierten sich bis Ende 1949 ungefähr 3500 Personen in die Kultusgemeinde. Anfang der Fünfzigerjahre war der Exodus durch Österreich weitgehend abgeschlossen.

1952 wurde das Spital in der Seegasse eröffnet. Gleichzeitig entstand auch das Altersheim. Teile des Friedhofs in Währing wurden 1942/43 durch die Anlage eines Löschwasserteichs zerstört, der Friedhof konnte bis heute nicht wieder in Stand gesetzt werden.

Bei den Neuwahlen der Kultusgemeinde 1952 wurde Dr. Emil Maurer Präsident, der das Amt bis 1963 innehatte. Sein Nachfolger war bis zum Jahr 1970 Dr. Ernst Feldsberg. Anschließend war Dr. Anton Pick Präsident der Kultusgemeinde. In diese Zeit fällt der 1972 erfolgte Umzug des Büros der Kultusgemeinde und des Altersheims in die Bauernfeldgasse im Neunzehnten Bezirk. 1980 wurde das Jüdische Gemeindezentrum in der Seitenstettengasse eröffnet. Die Kultusgemeinde zog ebenfalls in die Seitenstettengasse. 1981 löste Dr. Ivan Hacker Anton Pick im Amt des Kultuspräsidenten, ihm folgte Paul Grosz, derzeit steht Dr. Ariel Muzicant der Gemeinde vor. Ende der Neunzigerjahre waren an die 10.000 Juden bei der Kultusgemeinde als Mitglieder registriert (zusätzlich leben noch etwa 5000 Juden in Österreich, die nicht Mitglieder der Kultusgemeinde sind). Viele sind erst in den letzten Jahrzehnten als Flüchtlinge nach Wien gekommen und haben hier ein neues Leben begonnen.

Sichtbares Zeichen der kleinen, aber sehr vitalen jüdischen Gemeinde Wiens sind neben dem Wiener Stadttempel und dem Jüdischen Gemeindezentrum die zahlreichen Schulen und kulturellen Einrichtungen, die vor allem in den letzten zehn Jahren errichtet wurden. Es dauerte bis September 1984, ehe die Zwi-Perez-Chajes-Schule (2, Castellezgasse 35) nach ihrer Schließung durch die Nationalsozialisten wieder eröffnet wurde. Sie besteht aus einer Vorschule mit Kindergarten, einer Volksschule und einem Gymnasium. 1986 wurde die von der Ronald-S.-Lauder-Stiftung geförderte Beth-Chabad-Schule mit Kindergarten, Hort und Hauptschule eingerichtet, die seit 1999 in einem neuen Schulgebäude auf dem Rabbiner-Schneerson-Platz residiert. Die dritte öffentliche jüdische Tagesschule wird von der streng religiösen Machsike-Hadass betrieben (2, Malzgasse) und umfasst Kindergarten, Volks- und Hauptschule. Für Schüler zwischen 14 und 17 gibt es außerdem die Wiener Jeschiwa als orthodoxe Studieneinrichtung mit Öffentlichkeitsrecht (2, Große Mohrengasse 19). Ein eigenes Jüdisches Pädagogisches Zentrum (1, Desider-Friedmann-Platz) unterstützt seit 1984 alle jüdischen Organisationen in Erziehungsfragen. Weitere zeitgemäße Bildungsmöglichkeiten für die Jugend bietet zudem das Jüdische Berufliche Bildungszentrum, das ebenfalls in den Neunzigerjahren geschaffen wurde.

Die kulturelle Vielfalt der Wiener jüdischen Gemeinde ist durch Zuwanderungen vorwiegend aus Osteuropa geprägt. Dies äußert sich auch in der Zusammensetzung der Schüler. In der Zwi-Perez-Chajes-Schule stammen etwa 40 % aus der ehemaligen Sowjetunion, in der Beth-Chabad-Schule fast 90 %. 500 Jahre nach der ersten Gründung, 54 Jahre nach der Vernichtung gibt es auch wieder eine sephardische Gemeinde in Wien, die sich im Mai 1992 wieder im Zweiten Bezirk in der Tempelgasse 7 mit einer Synagoge, Wohneinheiten und Veranstaltungssälen etabliert hat.

Für die kleine jüdische Gemeinde Wiens bringen diese Aktivitäten trotz Unterstützung seitens der Stadt Wien und der Republik Österreich große finanzielle Anstrengungen mit sich, da neben dem Schul- und Bildungswesen hohe Kosten für das Elternheim (= Altersheim) der Kultusgemeinde (Maimonides-Zentrum in Wien 19, Bauernfeldgasse) und die Erhaltung von 40 Friedhöfen in Wien, Niederösterreich und dem Burgenland anfallen.

Zahlreiche jüdische Organisationen, Bethäuser, Vereine, jüdische Geschäfte – vom koscheren Fleischer bis zum Supermarkt, von der Bäckerei bis zur Weinhandlung, von koscheren Ausspeisungen und Caterern bis hin zu zwei jüdischen Buchhandlungen –, zwei jüdische Sportvereine, Schüler- und Studentenorganisationen sowie das Jüdische Institut für Erwachsenenbildung (2, Praterstern 1) mit seinen Volkshochschulkursen und dem psychosozialen Zentrum der Esra sind Ausdruck eines funktionierenden Gemeindelebens, das sich auch in zahlreichen kulturellen Veranstaltungen und Festivals manifestiert, die sich in den letzten Jahren einen festen Platz im Kulturleben der Stadt erobert haben und nicht nur von jüdischem Publikum besucht werden.

GEDENKEN UND ERINNERN

An die Verbrechen des Dritten Reichs erinnern in Wien einige Gedenkstätten: Besonders eindrucksvoll ist Alfred Hrdlickas 1988 errichtetes Mahnmal gegen Krieg und Faschismus auf dem Albertinaplatz (gegenüber der Graphischen Sammlung Albertina). Leicht zu übersehen ist die Gedenkstätte für die Opfer des NS-Terrors auf dem Morzinplatz, wo das Gebäude der NS-Geheimpolizei stand. Rachel Whitereads Mahnmal für die österreichischen Opfer der Schoa konnte nach langem Ringen und zum Teil heftigen Diskussionen im Spätherbst 2000 im Rahmen der Verwirklichung des Projekts Judenplatz doch noch seiner Bestimmung übergeben werden.

An die Zerstörung der Synagogen im November 1938 erinnern mittlerweile einige Gedenktafeln an den früheren Standorten, an die Deportation und Vernichtung der Juden erinnert eine Gedenktafel auf einem Schulgebäude in der Kleinen Sperlgasse 5 im Zweiten Bezirk, das ebenso als Sammelstelle vor dem Abtransport in die Lager diente wie das jüdische Zwi-Perez-Chajes-Gymnasium in der Castellezgasse 35 (Zweiter Bezirk). Die von Heinrich Sussmann gestalteten Glasfenster der 1967 wieder aufgebauten Zeremonienhalle des neuen jüdischen Teils des Zentralfriedhofs (11, Simmeringer Hauptstraße 244, Tor IV) sind dem Gedenken an die so

genannte Reichskristallnacht und die Opfer des Holocaust gewidmet.
Wer mit aufmerksamem Blick durch die Stadt geht, wird auch eine ständig wachsende Zahl von Hinweisen auf die Verbrechen des NS-Regimes finden und an vielen Orten auf Gedenktafeln für bedeutende Persönlichkeiten jüdischer Herkunft stoßen.
Das seit 1993 bestehende Jüdische Museum der Stadt Wien versteht sich ebenso als Ort des Gedenkens und Aufarbeitens wie das Museum auf dem Judenplatz, das Dokumentationszentrum Simon Wiesenthals oder das Dokumentationsarchiv des Österreichischen Widerstandes. Sie alle wenden sich vor allem an die Jugend, aber auch an jene, die sich mit der Geschichte und dem Schicksal ihrer Vorfahren oder der Stadt, in der sie leben, auseinander setzen wollen.

Das **JÜDISCHE MUSEUM WIEN** wurde von der Stadt Wien mit dem Ziel errichtet, einen Ort der Erinnerung zu schaffen, der vor allem die Jugend informieren und zur Auseinandersetzung mit der Geschichte anregen soll. Deshalb heißt es auch in der Stiftungsinschrift, die Errichtung des Museums erfolgte als »Erinnerung an die Vertreibungen von Hunderttausenden österreichischen Juden, die im Laufe der Geschichte aus ihrer Heimat vertrieben worden sind, und an Zehntausende österreichische Juden, die zu verschiedenen Zeiten – zuletzt in den schrecklichen Jahren 1938 bis 1945 – wegen ihres Judentums ermordet wurden.«
Das Jüdische Museum der Stadt Wien ist seit November 1993 im Palais Eskeles, einem Altstadtpalais in der Dorotheergasse 11 unweit des Stephansdomes untergebracht. Die Gründung des Museums geht auf eine Initiative des damaligen Wiener Bürgermeisters Helmut Zilk zurück. Das Palais Eskeles befand sich einige Jahre im Besitz der angesehenen jüdischen Bankiers Arnstein und Eskeles, die jedoch nie in diesem Haus wohnten. Im Museum werden eine ständige historische Ausstellung zur österreichisch-jüdischen Geschichte, die berühmte Judaica-Sammlung von Max Berger zur Illustration jüdischer Religion und Nancy Speros Installation der Erinnerung als permanente Präsentationen gezeigt, die umfangreichen Sammlungsbestände sind in einem Schaudepot ebenfalls öffentlich zugänglich, was bisher nur in wenigen Museen üblich ist. Im denkmalgeschützten historisch geprägten ersten Stock des Palais werden regelmäßig wechselnde Sonderausstellungen zu verschiedenen jüdischen Themen aus den Bereichen Kulturgeschichte, Literatur, Architektur, Fotografie und bildende Kunst gezeigt. Darüber hinaus stehen für wissenschaftliche Forschungen ein Archiv und eine Bibliothek zur Verfügung, deren Bestände ebenfalls zu einem erheblichen Teil Leihgaben der Kultusgemeinde sind.

Das **MUSEUM AUF DEM JUDENPLATZ** ist Bestandteil eines Gesamtprojekts, das mehrere Teile umfasst: Markantes Zeichen des Gedenkens auf dem Platz selbst ist das Mahnmal von Rachel Whiteread. Dieses Mahnmal ist eine Stahlbetonkonstruktion mit einer Grundfläche von 10 x 7 Metern und einer Höhe von 3,8 Metern. Die Außenflächen des Kubus sind durchmodelliert als nach außen gewendete Bibliothekswände. Auf Bodenfriesen, die rund um das Mahnmal eingelassen sind, sind die Namen jener Orte festgehalten, an denen österreichische Juden während der NS-Herrschaft zu Tode kamen.
Das Museum selbst ist im Haus Judenplatz 8, dem so genannten Misrachi-Haus, untergebracht. Es umfasst im Erdgeschoss Informationsräume zur Schoa, die vom Dokumentationsarchiv des Österreichischen Widerstandes inhaltlich gestaltet wurden. Dabei handelt es sich um eine Präsentation der Namen und Daten der 65.000 Juden und eine Multimedia-Dokumentation der Umstände, die zu ihrer Verfolgung und Ermordung führten. Der museale Bereich zum mittelalterlichen Judentum in Wien besteht aus der Ausgrabung der mittelalterlichen Synagoge und dem Museum zur Geschichte des mittelalterlichen Judentums. Inhalt des musealen Bereichs ist die Darstellung der religiösen, kulturellen und sozialen Lebensumstände der Wiener Juden im Mittelalter bis zu deren Vertreibung und Vernichtung 1420/21, der ersten Wiener Geserah. Die drei Ausstellungsräume befinden sich im Kellergeschoss des Misrachi-Hauses, von wo aus man auch zu den Ausgrabungen gelangt.
Im Museum erfährt der Besucher bei einem virtuellen Rundgang durch die mittelalterliche Judenstadt Details über die Lebensbedingungen, er »besucht« ein Spital, das Haus eines Bankiers und eine Schule. Das Modell der mittelalterlichen Stadt zeigt – besonders hervorgehoben – das jüdische Viertel und weitere Orte jüdischen Lebens. Ergänzt wird diese Dokumentation durch die multimediale Präsentation der Kultur-, Geistes- und Sozialgeschichte der Wiener Juden im Mittelalter und ein dreidimensionales Modell der mittelalterlichen Synagoge. Archäologische Fundstücke aus der Ausgrabung auf dem Judenplatz und Auszüge aus mittelalterlichen Handschriften ergänzen die Darstellung.
Zu den Resten der spätmittelalterlichen Synagoge gelangt man durch einen Verbindungsgang. Die Synagoge wurde etwa um die Mitte des 13. Jahrhunderts erbaut, in den folgenden eineinhalb Jahrhunderten mehrmals durch den Anbau und Umbau von Räumen vergrößert, bis sie zuletzt eine Grundfläche von ca. 480 m^2 umfasste. Sie war somit eine der größten mittelalterlichen Synagogen. Nach dem Pogrom von 1420/21 wurde die Synagoge systematisch geschleift, so dass fast nur die Fundamente und Fußböden erhalten blieben, die zwischen 1995 und 1998 von den Wiener Stadtarchäologen freigelegt wurden. Zu sehen sind der zentrale Raum, der »Männerschul« genannte Lehr- und Betraum der Männer, und ein angebauter kleinerer Raum, der vielleicht von den Frauen benutzt wurde. In der Mitte des zentralen Raumes liegt das Fundament der sechseckigen Bima (das erhöhte Podium, auf dem aus der Tora vorgelesen wurde). Erhalten sind darauf noch einige Bodenfliesen aus Keramik. Zu beiden Seiten der Bima befinden sich die Reste von zwei Pfeilern, die ehemals das hohe gotische Kreuzrippengewölbe trugen. Vor der teilweise wieder aufgebauten Ostmauer sieht man das Fundament eines Sockels, über den man früher den Toraschrein erreichte, der in die Ostmauer eingelassen war. Im angebauten Nebenraum, der vom Besucher nur einzusehen ist, sind noch die originalen mittelalterlichen Bodenfliesen aus Keramik zu sehen.

FRÜHE SPUREN

EARLY TRACES

Judenplatz 8, MISRACHI-HAUS

Seit dem Herbst 2000 beherbergt das sogenannte Misrachi-Haus neben dem Betraum und dem Jugendzentrum dieser Organisation auch das Museum Judenplatz. In den Kellerräumen dieses Hauses wird die Geschichte des mittelalterlichen Judentums dokumentiert. Ein Verbindungsgang erschließt die Ausgrabung der mittelalterlichen Synagoge auf dem Judenplatz.
Links: Detail aus dem mittelalterlichen Stadtmodell, in dem das erste jüdische Viertel in Wien besonders hervorgehoben ist.
Mitte: Rekonstruktion der mittelalterlichen Synagoge. Diese Synagoge zählte zu den bedeutendsten religiösen Zentren des Mittelalters. An ihr wirkte der bedeutende Rabbiner Isaak ben Mose, der auch den Namen Or Sarua trug und nach dem die Synagoge auch immer wieder als Or-Sarua-Synagoge bezeichnet wird.
Rechts: Modellrekonstruktion des Innenraums der Synagoge. Diese orientiert sich an Vorbildern noch bestehender frühzeitlicher Synagogen, wie z.B. der Altneuschul in Prag.

Judenplatz 8, MISRACHI HOUSE

Since autumn 2000 the Misrachi house has contained not only a prayer room and youth club for Misrachi members but also the museum on Judenplatz.
In the basement is an installation documenting the history of medieval Jewry. A passage leads from there to the excavations of the medieval synagogue on Judenplatz.
Left: Model of the medieval city highlighting the first Jewish quarter in Vienna
Center: reconstruction of the medieval synagogue, one of the most important religious centers in the Middle Ages. Rabbi Isaak ben Mose alias Or Sarua worked here, hence the references to the 'Or Sarua synagogue'.
Right: reconstruction of the interior of the synagogue, based on other medieval synagogues including the Altneushul in Prague.

Im 2. Bezirk siedelten im 16. Jahrhundert die Juden in einem Ghetto, dem sogenannten Unteren Werd. Trotz mehrmaliger Vertreibungen liegt hier auch heute noch der Schwerpunkt jüdischer Besiedlung.

Links oben: Judenplatz 2, HAUS ZUM GROSSEN JORDAN.
Das Relief auf dem Haus erinnert an die erste große Judenvertreibung im Jahr 1420/21. Die antisemitische Inschrift ist heute noch klar erkennbar.
Links unten: Von Arik Brauer gestaltetes Mosaik
Rechts oben: Tuchlauben Nr. 19: Die NEIDHART-FRESKEN geben ein Beispiel für die mittelalterliche Dekoration von Bürgerhäusern. Das Museum bietet die einzige zugängliche Darstellung derartiger mittelalterlicher Fresken.
Rechts unten: UNTERER WERD

In the 16th century Jews settled in their own ghetto known as 'Unterer Werd' in what is now Vienna's Second District. Despite numerous expulsions this area is still the center of Jewish life in Vienna.

Top left: Judenplatz 2, HOUSE 'TO THE GREAT JORDAN' (Haus zum grossen Jordan). The relief on this house commemorates the first major expulsion of the Jews in 1420/21. The anti-Semitic inscription is still clearly recognisable today.
Bottom left: Mosaic by Arik Brauer
Top right: Tuchlauben 19: The NEIDHART FRESCOES are typical of the way medieval burghers decorated their houses. The museum offers a unique opportunity to study them.
Bottom right: UNTERER WERD

Seitenstettengasse 4

WIENER STADTTEMPEL

Die Synagoge in der Seitenstettengasse wurde 1824-26 in ein Wohnhaus eingebaut, da die damaligen gesetzlichen Regelungen vorsahen, dass man ein jüdisches Bethaus nicht im Stadtbild offen erkennen dürfe. Dieser Umstand bewahrte die Synagoge auch vor der vollständigen Zerstörung im Zuge des Novemberpogroms 1938. Sie wurde vor wenigen Jahren prachtvoll restauriert.

Seitenstettengasse 4

CITY TEMPLE, MAIN SYNAGOGUE

The synagogue in Seitenstettengasse was built in 1824-26 as part of a residential building, since the laws of the day did not allow Jewish prayer houses to be recognisable as such. It was this circumstance that protected the synagogue from complete destruction during the November pogrom in 1938. It was restored to its former glory a few years ago.

Seitenstettengasse 4

WIENER STADTTEMPEL

Der Wiener Stadttempel, die älteste erhaltene Synagoge der jüdischen Gemeinde, wurde nach den Plänen des Architekten Josef Kornhäusel errichtet. Im gleichen Gebäude wie die Synagoge sind auch die Amtsräume des Präsidenten der Kultusgemeinde, des Oberrabbiners und die Verwaltung der Kultusgemeinde untergebracht.

Seitenstettengasse 4

CITY TEMPLE

The Viennese City Temple, the oldest remaining synagogue in Vienna, was designed by Josef Kornhaeusel. In the same building are the offices of the President of the Jewish Community, the Chief Rabbi and the administration of the Jewish Community.

Seitenstettengasse 4
WIENER STADTTEMPEL

Oberrabbiner Paul Chaim Eisenberg ist weit über die Grenzen der Jüdischen Gemeinde hinaus bekannt und beliebt.
Bild unten: Der Oberrabbiner im Gespräch mit dem Präsidenten der Kultusgemeinde, Dr. Ariel Muzicant, in dessen Amtsräumen.

Seitenstettengasse 4
CITY TEMPLE

Chief Rabbi Paul Chaim Eisenberg is known and respected within the Jewish Community and far beyond.
Bottom: The Chief Rabbi talking to Ariel Muzicant, President of the Jewish Community, in the latter's office.

Seitenstettengasse

In der engen Altstadtgasse befinden sich die Synagoge und die Amtsräume der Kultusgemeinde. Hier sind das Jüdische Gemeindezentrum und das einzige koschere Restaurant Wiens zu finden. In diesem Viertel rund um die Seitenstettengasse befindet sich auch das sogenannte „Bermuda-Dreieck", eine Ansammlung von Szene-Lokalen.

Seitenstettengasse

In this narrow Old Town street are to be found not only the synagogue and community offices but also the Jewish Community Center and the only kosher restaurant in Vienna. This area also contains a number of fashionable bars and meeting places for young people and is known as the 'Bermuda Triangle'.

Dr.-Karl-Lueger-Ring 14/Schottentor
PALAIS EPHRUSSI

Die Familie der Ephrussis stammt ursprünglich aus Odessa und zählt zu den großbürgerlichen jüdischen Familien, die aufgrund ihrer Verdienste von den Habsburgern im 19. Jahrhundert geadelt wurden. Der ehemalige Festsaal des Palais Ephrussi ist heute Teil der Repräsentationsräume der Casinos Austria und vermittelt immer noch den Eindruck großbürgerlicher Herrlichkeit des späten 19. Jahrhunderts.

Dr.-Karl-Lueger-Ring 14/Schottentor
PALAIS EPHRUSSI

The Ephrussi family came originally from Odessa and was one of the most important bourgeois Jewish families, ennobled in the 19th century for services to the Habsburgs. The former banquet room in Palais Ephrussi, today used for important functions by Casinos Austria, has retained its imposing 19th-century atmosphere.

Schottenring 17/Goethestraße 3

Details aus der Gestaltung des PALAIS LEON *(links oben)* bzw. des PALAIS SCHEY *(rechts oben und Detail unten)*, zweier typischer Wiener Ringstraßenpalais, die von jüdischen Großbürgerfamilien errichtet wurden.

Schottenring 17/Goethestraße 3

Design details from PALAIS LEON *(top left)* and PALAIS SCHEY *(top right and bottom)*, two typical mansion houses along the Ringstrasse, Vienna's most famous boulevard, built by bourgeois Jewish families.

Ottakringer Straße 118

PALAIS KUFFNER

Jüdische Großbürgerfamilien errichteten auch in den Vorstädten prachtvolle Villen, die mehrheitlich der Gründerzeittradition verpflichtet waren. Die Familie Kuffner stiftete unter anderem die Kuffner-Sternwarte und gründete die Ottakringer Brauerei.

Döblinger Straße 96

VILLA WERTHEIMSTEIN

In der Villa Wertheimstein befindet sich heute das Bezirksmuseum Döbling.

Ottakringer Strasse 118

PALAIS KUFFNER

Wealthy Jewish families also built magnificent houses in the outer districts of Vienna, many in the *Gruenderzeit* style. The Kuffner family financed the Kuffner Observatory and founded the Ottakringer Brewery.

Döblinger Strasse 96

VILLA WERTHEIMSTEIN

Villa Wertheimstein today houses the Döbling local history museum.

Stiftgasse
Die Fassade des ehemaligen KAUFHAUSES HERZMANSKY ist eines der wenigen Zeugnisse, die einen Einblick geben, wie Geschäfte jüdischer Kaufleute um die Jahrhundertwende ausgesehen haben. Die Firma Herzmansky wurde 1938 „arisiert", wie die Nazis die Enteignung nannten. Nach dem 2. Weltkrieg blieb der Name des Kaufhauses erhalten, ohne dass die ursprünglichen Besitzer das Kaufhaus betrieben hätten.

Michaelerplatz
Unten: Stiegenhaus des sogenannten LOOS-HAUSES, in dem heute eine Bank untergebracht ist. Errichtet wurde das Loos-Haus von den Tuchhändlern Goldman & Salatsch, die mit ihrem Auftrag Adolf Loos zum Durchbruch verholfen haben.

Stiftgasse
The façade of the former HERZMANSKY DEPARTMENT STORE is one of the few remaining vestiges of the important role of the Jewish community in Vienna's commercial life at the turn of the century. In 1938 Herzmansky was 'aryanised', as the Nazis called the confiscation of Jewish property. After the Second World War the name of the department store was retained although it was no longer managed by its original owners.

Michaelerplatz
Bottom: Stairway in the LOOS HOUSE, which today houses a bank. It was commissioned by fabric merchants Goldman & Salatsch and helped Loos to establish a name for himself as an architect.

Dr.-Karl-Renner-Ring 1
PALAIS EPSTEIN

Das Palais Epstein hat eine sehr wechselvolle Geschichte. Nach der Vertreibung der ursprünglichen jüdischen Eigentümer war es zunächst Sitz der sowjetischen Besatzungsbehörde (1945–1955). Danach zog der Wiener Stadtschulrat, die oberste Schulbehörde der Stadt Wien, in das Palais ein. Es gibt Pläne, hier ein Museum einzurichten.

Dr.-Karl-Renner-Ring 1
PALAIS EPSTEIN

Palais Epstein has had a very chequered history. After the expulsion of the original Jewish owners, it was requisitioned by the Soviet occupying forces from 1945 to 1955. It was then taken over by the Vienna Board of Education, and there are now plans to turn it into a museum.

WISSENSCHAFT UND KUNST

SCIENCE AND ART

Berggasse 19
SIGMUND FREUD HAUS

Der Begründer der Psychoanalyse lebte und wirkte lange Jahre, bis zu seiner Vertreibung im Jahre 1938, im Haus Berggasse 19. Dank einer privaten Initiative sind heute die ehemalige Ordination und Teile der Privatwohnung Freuds für die Öffentlichkeit zugänglich. Die Tochter Freuds, Anna, überließ dem Museum nicht nur die Einrichtung des Wartezimmers sondern auch zahlreiche Objekte, Bücher und Dokumente aus dem Besitz Freuds. In der ehemaligen Wohnung Freuds ist heute ein modernes Veranstaltungszentrum untergebracht, in dem auch Teile der Kunstsammlung der Sigmund-Freud-Gesellschaft zu sehen sind. Die berühmte Couch Freuds ist allerdings nach wie vor in der Londoner Exilwohnung Freuds in Marsfield Gardens zu sehen.

Berggasse 19
SIGMUND FREUD HOUSE

The founder of psychoanalysis lived and worked for years at Berggasse 19 before he was forced to leave Vienna in 1938. Thanks to a private initiative the former consulting room and parts of the family apartment have been opened to the public. Freud's daughter Anna bequeathed not only the furnishings in the waiting room but also numerous artefacts, books and documents belonging to Freud.

Freud's former residence now contains a modern lecture room, where part of the art collection belonging to the Sigmund Freud Society can also be seen. Freud's famous couch has remained in Marsfield Gardens in London, where Freud lived after being forced to leave Austria.

Berggasse 19, SIGMUND FREUD HAUS

Links: Blick in den Innenhof des Hauses.
Rechts: Erstausgabe von Freuds richtungsweisender Schrift „Die Traumdeutung", eine seiner Brillen und die Füllfeder, auf der er schrieb.

Berggasse 19, SIGMUND FREUD HOUSE

Left: View of the inner courtyard
Right: First printing of Freud's revolutionary paper *Die Traumdeutung* (Interpretation of Dreams). one of his glasses and the pen he used to write with.

Links oben: Der Künstler Franz West schuf das Werk „Liege“ als Hommage an Sigmund Freud.
Links unten: Die Fotodokumentation in der ehemaligen Praxis Freuds wird ergänzt durch einzelne Objekte.
Rechts oben: In der ehemaligen Wohnung Freuds ist heute ein Veranstaltungs- und Ausstellungsbereich eingerichtet.
Rechts unten: Das Wartezimmer von Freuds Praxis ist mit Originalmöbeln bestückt.

Top left: The artist Franz West created this piece, entitled *Liege* (couch), in homage to Sigmund Freud.
Bottom left: The photo documentation in Freud's former consulting room is supplemented by a number of artefacts.
Top right: Freud's former residence has been turned into a lecture room and exhibition area.
Bottom right: Freud's waiting room with original furniture.

Schwarzenbergplatz 6
ARNOLD SCHÖNBERG CENTER

Im Palais Fanto ist seit wenigen Jahren das Arnold Schönberg Center untergebracht. *Bild unten:* Originalpartitur zur Oper „Moses und Aaron".

Schwarzenbergplatz 6
ARNOLD SCHÖNBERG CENTER

The Arnold Schönberg Center has been located in Palais Fanto for a number of years. *Bottom:* Original score of the opera *Moses and Aaron.*

Schwarzenbergplatz 6
ARNOLD SCHÖNBERG CENTER

Das Arnold Schönberg Center beherbergt den Nachlass des bedeutenden Komponisten. Im Schönberg Center befinden sich auch umfangreiche Studienräume mit einer gut sortierten Fachbibliothek.
Kleines Bild: Schönbergs Arbeitszimmer in Kalifornien

Schwarzenbergplatz 6
ARNOLD SCHÖNBERG CENTER

The Arnold Schönberg Center contains the estate of the famous composer. There are also a number of rooms for study and a well-stocked library.
Small picture: Schönberg's study in California.

Schwarzenbergplatz 6
ARNOLD SCHÖNBERG CENTER

Das Schönberg Center verfügt auch über Ausstellungsräume, in denen regelmäßig große Sonderausstellungen stattfinden, die sich mit Schönberg und seinem Umfeld auseinandersetzen. Schönberg war nicht nur ein bedeutender Komponist, sondern auch ein hervorragender Maler, wie das kleine Bild zeigt.

Schwarzenbergplatz 6
ARNOLD SCHÖNBERG CENTER

The Arnold Schönberg Center also has an exhibition area where major exhibitions relating to the composer are regularly staged. Schönberg was not only a major composer but also an outstanding painter, as the small picture shows.

Johann-Staud-Straße 10,
KUFFNER-STERNWARTE

Die Familie Kuffner zählte zu den bedeutenden Industriemagnaten jüdischer Herkunft des 19. und beginnenden 20. Jahrhunderts. Sie war unter anderem auch die Besitzer der Ottakringer Brauerei, die vom NS-Regime enteignet wurde. Die Familie Kuffner zählte auch zu den hervorragendsten Mäzenen und Stiftern des 19. Jahrhunderts und errichtete die Kuffner-Sternwarte, die bis zum heutigen Tag erhalten ist und ein typisches Beispiel der historisierenden Industriearchitektur darstellt.

Johann-Staud-Strasse 10,
KUFFNER OBSERVATORY

The Kuffner family was among the most important industrial magnates with Jewish origins in the 19th and early 20th centuries. They owned the Ottakringer Brewery, which was confiscated by the Nazis. The family was also a major patron of art and science. The Kuffner Observatory has remained intact to this day and is a typical example of Historicist industrial architecture.

Praterstraße 34, NESTROY-HOF

Der Nestroy-Hof wurde von Oskar Marmorek, einem leider weitgehend vergessenen Architekten jüdischer Herkunft, gestaltet und zählt neben dem Rüdiger-Hof zu den bedeutendsten noch erhaltenen Gebäuden, die von Marmorek entworfen wurden.

Friedrichstraße 12, SECESSION

Bild unten: Die Wiener Secession ist ein Markstein des Aufbruchs in die österreichische Moderne. Die Idee zur Errichtung des Baus wurde im Salon von Berta Zuckerkandl geboren.

Praterstrasse 34, NESTROY-HOF

Nestroy-Hof was designed by Oskar Marmorek, a Jewish architect who has been largely forgotten. Along with Rüdiger-Hof it is one of his most important surviving works.

Friedrichstrasse 12, SECESSION

Bottom: The Secession is one of the symbols of the Austrian Moderne. The idea was first voiced in the salon held by Berta Zuckerkandl.

Hofburg
ÖSTERREICHISCHE NATIONALBIBLIOTHEK

Der Prunksaal der Österreichischen Nationalbibliothek stellt einen der bedeutendsten historischen Bibliothekssäle Europas dar. Die Errichtung der Österreichischen Nationalbibliothek wurde maßgeblich von jüdischen Finanziers mitgetragen. Markus und Mayr Hirschl trugen mit einem Darlehen von einer Viertelmillion Gulden zur Errichtung bei. Auch die Karlskirche und Schloss Schönbrunn wurden mit Hilfe jüdischer Finanziers gebaut.

Hofburg
AUSTRIAN NATIONAL LIBRARY

The Grand Hall *(Prunksaal)* in the Austrian National Library is one of the most important historical library rooms in Europe. Much of the funding for the Library was supplied by Jewish financiers. Markus and Mayr Hirschl put up a loan of 250,000 guilders. The Church of St. Charles Borromeo *(Karlskirche)* and Schoenbrunn Palace were also built with the aid of Jewish financiers.

ERINNERN UND GEDENKEN

REMEMBRANCE AND COMMEMORATION

Seite 39: Simon Wiesenthal in den Arbeitsräumen des Jüdischen Dokumentationszentrums

Morzinplatz
Das MAHNMAL FÜR DIE OPFER DES ÖSTERREICHISCHEN WIDERSTANDES war die erste größere Gedenkstätte, die in Wien anstelle des ehemaligen Hauptquartiers der NS-Geheimpolizei errichtet wurde. Es erinnert an all jene, die hier von der Gestapo zu Tode gefoltert wurden.

Albertinaplatz
Unten: Alfred Hrdlickas MAHNMAL AUF DEM ALBERTINAPLATZ sorgt bis zum heutigen Tag immer noch für heftige Diskussionen.

Page 39: Simon Wiesenthal in the offices of the Jewish Documentation Center.

Morzinplatz
The MEMORIAL TO THE VICTIMS OF AUSTRIAN RESISTANCE on the site of the Gestapo headquarters was the first memorial to be erected after the war. It commemorates all those who were tortured to death by the Gestapo.

Albertinaplatz
Bottom: Alfred Hrdlicka's MEMORIAL ON ALBERTINAPLATZ is still highly controversial.

Seitenstettengasse/Judengasse

Mitglieder der Jüdischen Gemeinde gedenken jedes Jahr mit eindringlichen MAHNWACHEN an den November-Pogrom, bei dem in der Nacht vom 9. auf den 10. November 1938 praktisch alle Synagogen und jüdischen Bethäuser Wiens zerstört wurden.

Kleines Bild: Simon Wiesenthal zählt zu den wichtigsten Mahnern in der Aufarbeitung der Verbrechen des Nationalsozialismus.

Seitenstettengasse/Judengasse

Members of the Jewish Community hold a VIGIL every year in commemoration of the pogrom that took place in the night of 9 November 1938 when practically all the synagogues and Jewish prayer houses in Vienna were destroyed.

Small picture: Simon Wiesenthal is one of the major figures in the research on Nazi criminality.

Seegasse 9–11
FRIEDHOF ROSSAU

Der jüdische Friedhof in der Seegasse ist der älteste noch erhaltene Friedhof seiner Art in Wien. Nach dem 2. Weltkrieg wurde ein Teil des Friedhofs restauriert und als Gedenkstätte eingerichtet.

Seegasse 9–11
ROSSAU CEMETERY

The Jewish cemetery in Seegasse is the oldest surviving cemetery of its type in Vienna. After the Second World War some of the cemetery was restored and turned into a memorial.

Seegasse 9-11
FRIEDHOF ROSSAU

Dieser älteste jüdische Friedhof Wiens beherbergt die Gräber bedeutender Persönlichkeiten der frühen Besiedlungsphase Wiens, unter anderem wurden hier Samson Wertheimer und der Hoffaktor Samuel Oppenheimer bestattet. Der Friedhof wurde bis 1884 belegt, danach wurde er, wie alle Friedhöfe, im Vorfeld der Schleifung des Linienwalls geschlossen.
Nach schweren Verwüstungen im 2. Weltkrieg wurden die restlichen der ursprünglich 700 vorhandenen Grabsteine restauriert.

Seegasse 9-11
ROSSAU CEMETERY

Vienna's oldest Jewish cemetery contains the graves of major figures from the time of the first Jewish settlement, including Samson Wertheimer and Samuel Oppenheimer.
The cemetery was used until 1884, after which it was closed like all the other cemeteries when the Linienwall, an outer earthen embankment, was demolished. It had been severely damaged by the Nazis and the remainder of the original 700 gravestones were restored after the war.

Semperstraße 64a, WÄHRINGER FRIEDHOF

Nach der Schließung des Friedhofs in der Seegasse wurde der Währinger Friedhof errichtet. Hier finden sich ebenfalls Gräber zahlreicher bedeutender Persönlichkeiten, unter anderem der Familie Arnstein und anderer mehr (Israel Hönig von Hönigsberg, k. u. k. Regierungsrat, der als erster jüdischer k.k. Beamter den Erbadel erwarb; Fanny Freifrau von Arnstein; Adam Nathan Freiherr von Arnstein; Bernhard Freiherr von Eskeles; Isaak Löw Hofmann, Edler von Hofmannsthal; Siegmund von Wertheimstein; Josef Fischhof; Leopold Ritter von Lämmel; Heinrich Ritter von Sichrovsky; Hermann Todesco).

Semperstrasse 64a, WAEHRING CEMETERY

After the cemetery in Seegasse had been closed, another cemetery was established in Währing. It contains the graves of a number of well-known figures, including the Arnstein family, Israel Hönig von Hönigsberg, *k. u. k. Regierungsrat,* the first Jewish imperial official to be ennobled, as well as Fanny Freifrau von Arnstein; Adam Nathan Freiherr von Arnstein; Bernhard Freiherr von Eskeles; Isaak Löw Hofmann, Edler von Hofmannsthal; Siegmund von Wertheimstein; Josef Fischhof; Leopold Ritter von Lämmel; Heinrich Ritter von Sichrovsky; and Hermann Todesco.

Semperstraße 64a, WÄHRINGER FRIEDHOF

1941 wurde der Friedhof von den Nationalsozialisten enteignet. Die noch verbleibenden, in Wien lebenden Juden wurden gezwungen, die mehreren hundert auf dem Friedhof begrabenen Personen familien- und generationsweise zu exhumieren und zu Pseudo-Vermessungszwecken in das Wiener Naturhistorische Museum zu bringen. Erst im Jahr 1947 wurden 220 dieser Skelette der Israelitischen Kultusgemeinde zur Wiederbestattung zurückgegeben. Der Währinger Friedhof wurde von den Nazis zusätzlich schwer verwüstet, da sie einen Teil des Friedhofs als Löschwasserteich benutzten. Derzeit gibt es intensive Bemühungen, den verwahrlosten Friedhof zu renovieren, was in den letzten Jahren zum Teil immer wieder durch Privatinitiativen in Angriff genommen wurde.

Semperstrasse 64a, WAEHRING CEMETERY

In 1941the cemetery was confiscated by the Nazis. The surviving Jews in Vienna were forced to exhume many of the bodies, which were classified by family and generation and used for pseudo-scientific measurements by Vienna's Natural History Museum. It was not until 1947 that 220 of these skeletons were given back to the Jewish Community for reburial. The cemetery was also desecrated and devastated by the Nazis, who used part of it as a fire-fighting reservoir. Efforts are being made to have the desolate cemetery restored and some work has already been carried out at the instigation of private initiatives.

Simmeringer Hauptstraße 232 und 244
ZENTRALFRIEDHOF

Bei der Gründung des Wiener Zentralfriedhofs wurde auch eine Israelitische Abteilung beim I. Tor eingerichtet, und nach dem 2. Weltkrieg folgte der neue Israelitische Teil, der beim IV. Tor errichtet wurde. Belegungen der Gräber finden noch in beiden Teilen statt.

Bild oben: Einer der Hauptwege durch den alten Israelitischen Teil.
Kleines Bild: Grab von Isaak Noah Mannheimer, dem ersten Rabbiner am Wiener Stadttempel.

Simmeringer Hauptstrasse 232 and 244
CENTRAL CEMETERY

When Vienna's Central Cemetery was opened, an area close to gate I was set aside for Jews. After the Second World War a new Jewish section was opened next to gate IV. Both sections are still used.

Top picture: one of the main alleys in the old Jewish section.
Small picture: tomb of Isaak Noah Mannheimer, the first rabbi at the City Temple in Vienna.

Simmeringer Hauptstraße 232 und 244
ZENTRALFRIEDHOF

Zahlreiche Persönlichkeiten jüdischer Herkunft haben auch Ehrengräber im nichtjüdischen Teil des Friedhofs.

Links oben: Ehrengrab von Johann Strauß.
Links unten: Ehrengrab des früheren Bundeskanzlers Bruno Kreisky.
Rechts oben: Ehrengrab von Arnold Schönberg.
Rechts unten: Josef Ritter von Wertheimers Grab befindet sich im alten Israelitischen Teil. Er wurde zwar geadelt, erhielt aber kein Ehrengrab.

Simmeringer Hauptstrasse 232 und 244
CENTRAL CEMETERY

Many renowned personalities of Jewish origin have memorial graves in the non-Jewish section of the cemetery.

Top left: Memorial grave of Johann Strauss.
Bottom left: Memorial grave of the former Federal Chancellor Bruno Kreisky.
Top right: Memorial grave of Arnold Schönberg.
Bottom right: Josef Ritter von Wertheimer's grave is in the old Jewish section. Although ennobled, he does not have a memorial grave.

Simmeringer Hauptstraße 232
ZENTRALFRIEDHOF

Links: Im alten Israelitischen Teil beim I. Tor befinden sich in unmittelbarer Nachbarschaft des Eingangs die Gräber von Arthur Schnitzle und Friedrich Torberg, die der österreichischer Literatur entscheidende Impulse gaben.

Simmeringer Hauptstrasse 232
CENTRAL CEMETERY

Left: Close to the entrance of the old Jewish section next to gate I are the graves of Arthur Schnitzler and Friedrich Torberg, two major figures in Austrian literature.

Rechte Seite: Hartäckerstraße 65
DÖBLINGER FRIEDHOF

Links oben: Auch der Döblinger Friedhof behe bergt die Gräber zahlreicher Persönlichkeiten.
Links unten: Besonders herausragend ist das Grab Theodor Herzls, das heute allerdings nu mehr ein Kenotaph ist, da Herzls Gebeine 194 nach Israel überführt wurden.
Rechts oben: Detail des Grabs der Familie Auspitz.
Rechts unten: Grab des beliebten Schauspiele Adolf von Sonnenthal.

Right: Hartäckerstrasse 65
DÖBLING CEMETERY

Top left: Döbling Cemetery also contains the graves of many renowned personages.
Bottom left: One of the most prominent figure to have been buried there is Theodor Herzl, although today his grave is only a cenotaph, since his remains were transferred to Israel in 1948.
Top right: Part of the Auspitz family plot
Bottom right: Grave of the popular actor Adolf von Sonnenthal.

הערצל
JACOB HERZL
GEB. 14. APRIL 1835
GEST. 9. JUNI 1902.
JEANETTE HERZL
GEB. 28. JULI 1836
GEST. 20. FEBRUAR 1911.
DR THEODOR HERZL
SOHN
VON JACOB UND JEANNETTE HERZL
GEB. 7 MAI 1860
GEST. 3. JULI 1904.
פ נ
בנימין זאב הערצל
ת נ צ ב ה
IN DIESEM GRABE WURDE AM 3. JULI 1904
DR THEODOR HERZL
ZUR LETZTEN RUHE BESTATTET.
IN DEM GLEICHEN GRABE RUHTEN SEINE ELTERN
JACOB UND JEANETTE HERZL
AM 14. AUGUST 1949 WURDEN DIE STERBLICHEN
ÜBERRESTE DR HERZLS UND SEINER ELTERN EXHUMIERT
UND, DEM WUNSCHE DR HERZLS ENSPRECHEND,
NACH ISRAEL ÜBERFÜHRT.

ADOLF
VON
SONNENTHAL
HERMINE V. SONNENTHAL
PAUL V. SONNENTHAL

Antijüdische Schmieraktionen sind in Wien zwar selten, aber doch hin und wieder zu finden. In der Öffentlichkeit regt sich immer wieder breiter Widerstand gegen rassistische und antisemitische Auswüchse. Dies äußert sich in beeindruckenden Demonstrationen, wie der vom 12. November 1999 auf dem Stephansplatz.

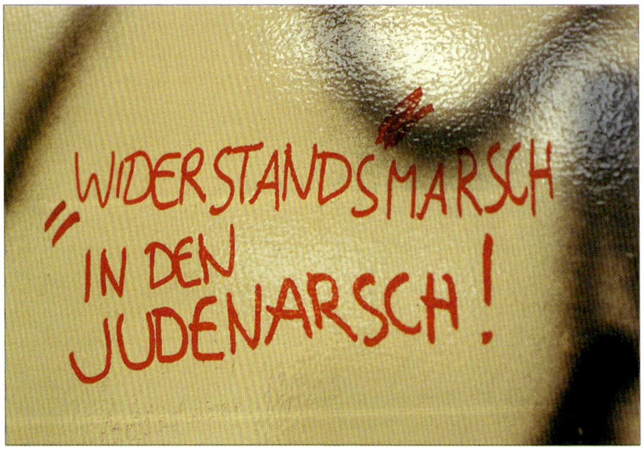

Although anti-Semitic daubings are rare in Vienna, they do turn up from time to time. The people of Austria have shown their opposition to racism and anti-Semitism on more than one occasion. The demonstration on 12 November 1999 in front of St. Stephen's cathedral is an impressive example.

MUSEEN UND SAMMLER

MUSEUMS AND COLLECTORS

Dorotheergasse 11, JÜDISCHES MUSEUM

Seite 51: Das Auditorium des Jüdischen Museums dient auch als Veranstaltungssaal. Das Bild zeigt einen Auftritt des Wiener Jüdischen Chors.
Das Jüdische Museum verfügt über eine der bedeutendsten Judaica-Sammlungen Europas. Ein Teil dieser Sammlungen umfasst die Bestände der Israelitischen Kultusgemeinde, die als Dauerleihgabe dem Museum übergeben wurden.
Links: Das prachtvolle Königswarter Toraschild wurde vor zwei Jahren von den Freunden des Museums für die Sammlung erworben.
Rechts: Toraaufsätze *(Rimmonim)* im Schaudepot – der Großteil dieser Aufsätze war in den Synagogen, die 1938 zerstört wurden, in Verwendung.

Dorotheergasse 11, JEWISH MUSEUM

Page 51: The auditorium of the Jewish Museum is used for concerts and lectures. The picture shows a performance by the Vienna Jewish Choir.
The Jewish Museum has one of the most important collections of Judaica in Europe. Part of this collection belongs to the Jewish Community, which has offered the exhibits on permanent loan to the museum.
Left: This magnificent Königswarter Torah plate was acquired two years ago by the Friends of the Jewish Museum.
Right: Torah finials *(rimmonim)* in the viewable storage area. Most of these finials were recovered from synagogues destroyed in 1938.

Dorotheergasse 11
JÜDISCHES MUSEUM

Das Jüdische Museum ist in einem Altstadtpalais unweit des Stephansplatzes untergebracht *(kleines Bild)*.
Rechts: Im Auditorium des Museums ist auch die berühmte Max Berger Judaica-Sammlung ausgestellt, die zur Erläuterung der jüdischen Religion verwendet wird. Die Museumspädagoginnen des Museums beginnen hier ihr Vermittlungsprogramm für die kleinen BesucherInnen.

Dorotheergasse 11
JEWISH MUSEUM
The Jewish Museum is housed in a palais in the city center not far from Stephansplatz *(small picture)*.
Right: In the museum auditorium is the celebrated Max Berger Judaica collection, which is used to explain the Jewish religion. The educational programme for children organised by the museum's educational team starts here.

Dorotheergasse 11

JÜDISCHES MUSEUM, SCHAUDEPOT

Das Jüdische Museum ist neben dem Museum für Angewandte Kunst das einzige, das seine Sammlungsbestände, die sich im Depot befinden, öffentlich zugänglich hält.
Links oben: Sukkotaufsätze aus dem Wiener Stadttempel. Diese bei Sukkot verwendeten Aufsätze sind einzigartig auf der Welt, sie werden nur in Wien verwendet. Der Oberrabbiner holt jedes Jahr zu Sukkot einen der beiden Aufsätze für die Feiern in den Stadttempel.
Links unten: Restbestände des ersten Jüdischen Museums, das 1938 von den Nazis geschlossen wurde. Was noch erhalten blieb und nicht auf andere Sammlungen verteilt wurde, wurde dem Jüdischen Museum restituiert.
Rechts oben: Verbrannte Toraschilde aus Wiener Synagogen. Diese Toraschilde wurden aus den brennenden Synagogen im November 1938 geborgen. Sie werden als Mahnung und Erinnerung in nicht-restauriertem Zustand gezeigt.
Rechts unten: Zwei prachtvoll restaurierte Toraschilde

Dorotheergasse 11

JEWISH MUSEUM, VIEWABLE STORAGE AREA

The Jewish Museum and the Museum of Applied Arts are the only museums in Vienna with a viewable storage area open to the public.
Top left: Sukkoth ornaments from the Vienna City Temple. They are the only examples of their type in the world. The Chief Rabbi takes one of the two ornaments every year for use into the Sukkoth service in the City Temple.
Bottom left: Remnants of the first Jewish Museum, which was closed in 1938 by the Nazis. All items that were left over and did not find their way into other collections were bequeathed to the Jewish Museum.
Top right: Charred Torah plates salvaged from burning Viennese synagogues in November 1938. They have not been restored and act as a warning and memorial.
Bottom right: Two magnificently restored Torah plates.

Dorotheergasse 11
JÜDISCHES MUSEUM

Links oben: Die ständige historische Ausstellung des Museums besteht aus 21 Transmissions-Hologrammen, die in beeindruckender Weise mit modernsten multimedialen Mitteln die wichtigsten Aspekte jüdischer Geschichte vermitteln.
Links unten: Der gut sortierte Bookshop des Museums ist ein beliebter Treffpunkt für alle, die sich für jüdische Geschichte und Kultur interessieren.
Rechts oben: Im Kinderatelier des Museums finden regelmäßig Programme statt.
Rechts unten: Das Café Teitelbaum, die Cafeteria des Museums, bietet kleine Speisen und Erfrischungen. Berühmt sind die Mehlspeisen, die hier angeboten werden.

Dorotheergasse 11
JEWISH MUSEUM

Top left: The museum's permanent historical exhibition consists of 21 holograms that use modern technology to communicate some of the main aspects of Jewish history.
Bottom left: The well-stocked bookshop is a popular meeting place for those interested in Jewish history and culture.
Top right: Activities are regularly organised in the children's workshop.
Bottom right: Café Teitelbaum, the museum cafeteria offers snacks and refreshments. The café is renowned in particular for its pastries.

Seitenstettengasse 4

BIBLIOTHEK DES JÜDISCHEN MUSEUMS

Die Bibliothek des Jüdischen Museums ist im Gebäude der Israelitischen Kultusgemeinde untergebracht. Im ehemaligen Festsaal haben Studierende und Interessenten Gelegenheit, aus mehr als 40.000 Büchern und Zeitschriften Informationen zu beziehen. Die Bibliothek ist eine Dauerleihgabe der Israelitischen Kultusgemeinde an das Museum.

Kleines Bild: Ketubba (Ehevertrag) aus dem Archiv des Jüdischen Museums, das sich im Hauptgebäude des Museums befindet.

Seitenstettengasse 4

JEWISH MUSEUM LIBRARY

The Jewish Museum library is housed in the offices of the Jewish Community. The former banquet hall now has more than 40,000 books and magazines available for consultation. The library is on permanent loan to the museum from the Jewish Community.

Small picture: Ketubah (marriage contract) from the Jewish Museum archives in the main museum building.

Judenplatz 8, MUSEUM JUDENPLATZ WIEN

Die Ausgrabung der mittelalterlichen Synagoge auf dem Judenplatz ist über das Misrachi-Haus auf dem Judenplatz zugänglich. Im Erdgeschoß des Misrachi-Hauses befindet sich außerdem eine Dokumentation über die Schicksale der 65.000 österreichischen jüdischen Opfer der Schoa als Ergänzung zum Holocaust Mahnmal auf dem Platz.

Judenplatz 8, JUDENPLATZ MUSEUM

The excavations of the medieval synagogue on Judenplatz are accessible from the Misrachi house. On the ground floor is a document center with information about the fate of the 65,000 Austrian Jews who were killed by the Nazis, designed to supplement the Holocaust memorial on the square.

SAMMLUNG EISENBERGER

Der pensionierte Lebensmittelhändler Jenö Eisenberger und seine Frau, die Kunsthistorikerin und Lehrerin Vera Eisenberger, sammeln seit Jahrzehnten bildende Kunst und Judaica altösterreichischer Provenienz. Jenö Eisenberger zählt heute zu den wichtigsten Leihgebern bei Ausstellungen zur klassischen österreichischen Moderne, aber auch, wenn es darum geht, Judaica zu präsentieren.

EISENBERGER COLLECTION

For decades the retired grocer Jenö Eisenberger and his wife, historian and teacher Vera Eisenberger, have been collecting historical art and Judaica from Austria's past. Jenö Eisenberger is a major contributor to exhibitions on Austrian modern art and Judaica.

SAMMLUNG EISENBERGER

Im Wohnzimmer der Familie Eisenberger befinden sich die schönsten Gemälde aus ihrer Sammlung österreichischer Künstler, die noch ergänzt wird durch Bestände zeitgenössischer israelischer Kunst, welche sich zum überwiegenden Teil in Israel befindet, und durch die Judaica-Sammlung, der Jenö Eisenbergers ganz besondere Liebe gilt. Mit fachlicher Unterstützung des israelischen Judaica-Sammlers Bill Gross hat Eisenberger in den letzten Jahren eine der bedeutendsten Privatsammlungen zusammengetragen.

EISENBERGER COLLECTION

In the living room of the Eisenbergers' home are the most impressive paintings from their collection of Austrian artists. There are also examples of contemporary Israeli art in the Eisenberger collection, most of which are in Israel, as well as Judaica, to which Eisenberger is particularly attached. With the expert assistance of the Israeli Judaica collector Bill Gross Eisenberger has managed in the last few years to compile one of the largest private collections in Europe.

TRUDE BERGER

Die Witwe Max Bergers hütet das Erbe ihres verstorbenen Mannes, dessen Judaica-Sammlung zu den bedeutendsten in Europa zählt. Seine Judaica, die das aschkenasische Judentum repräsentieren, wurden nach Max Bergers Tod 1989 als Gründungsbestand für das Jüdische Museum der Stadt Wien angekauft. Diese Sammlung ist heute im Auditorium des Museums zur Erklärung der jüdischen Religion permanent ausgestellt.

TRUDE BERGER

Max Berger's widow continues to look after the estate of her deceased husband, whose collection of Judaica is one of the most important in Europe. This collection, which concentrates on artefacts from Ashkenazi sources, was acquired by the Jewish Museum Vienna on Berger's death in 1989. It is exhibited today in the museum auditorium and is used to provide an introduction to the Jewish religion.

TRUDE BERGER

Trude Berger pflegt und archiviert den verbliebenen Teil der Sammlung mit großer Akribie. Sie ist dem Museum sehr verbunden und unterstützt viele der Ausstellungen mit Leihgaben, wenn es um Gemälde oder Judaica aus einem speziellen historischen Zusammenhang geht.

TRUDE BERGER

Trude Berger takes great care of the remainder of the collection. She has very close ties with the museum and is always lending paintings and ritual objects to it for exhibitions connected with special historical themes.

GEGENWART

THE PRESENT DAY

Große Mohrengasse 6

WIENER JESCHIWA

Seite 62: Studenten der Wiener Jeschiwa beim Tora-Studium.
Links oben: Beim Morgengebet in der Wiener Jeschiwa.
Links unten: Vorbereitungen zum Gottesdienst im Bethaus der Wiener Jeschiwa.
Rechts oben: Rabbi Naftali-Grünzweig beim Unterricht.
Rechts unten: Ausgelassenes Treiben im Innenhof während der Vorlesungspausen.

Grosse Mohrengasse 6

VIENNA YESHIVA

Page 62: Students at the Vienna Yeshiva studying the Torah.
Top left: Morning prayers at the Vienna Yeshiva.
Bottom left: Preparing for a service in the prayer room at the Vienna Yeshiva.
Top right: Rabbi Naftali-Grünzweig teaching students.
Bottom right: Students playing soccer in the inner courtyard during recreation.

Rabbi-Schneerson-Platz 1
LAUDER CHABAD CAMPUS

Bild oben: Seit vergangenem Jahr verfügt die Wiener jüdische Gemeinde über ein neues, modernes Schulzentrum, das von Ronald Lauder und seiner Foundation finanziell massiv unterstützt wurde. Das Schulgebäude wurde von Adolf Krischanitz entworfen und beherbergt auch ein Bethaus.
Bild unten: Die klare Außenfassade beeindruckt durch ihre Schlichtheit.

Rabbi-Schneerson-Platz 1
LAUDER CHABAD CAMPUS

Top: Last year the Jewish community obtained a new school center financed in part by way of hefty donations from Ronald Lauder and his foundation. The school, which also contains a prayer room, was designed by Adolf Krischanitz.
Bottom: The outer façade is a model of simplicity.

Rabbi-Schneerson-Platz 1

LAUDER CHABAD CAMPUS

Alltag in der Lauder Chabad Schule. Von der Vorschule bis zum Gymnasium werden alle Unterrichtszweige eines modernen Schulbetriebs abgedeckt. Die Schule ist nicht nur Juden vorbehalten, auch nichtjüdische Schülerinnen und Schüler sind willkommen.

Rabbi-Schneerson-Platz 1

LAUDER CHABAD CAMPUS

A typical day at the Lauder Chabad school. The school teaches children from primary school age to pre-university level and offers all the subjects expected of a modern educational institution. Entrance is not restricted to Jews and non-Jews are also welcome.

Castellezgasse 35

ZWI PEREZ CHAJES SCHULE

Der Schulkomplex des Zwi Perez Chajes Gymnasiums mit angeschlossener Volksschule und weiteren Bildungseinrichtungen zählt zu den ersten im Nachkriegs-Wien. Nach dem bedeutenden Wiener Rabbiner benannt, bietet diese Schule mit Öffentlichkeitsrecht ein breites Bildungsangebot vom Grundschulalter bis zum Gymnasium. Ein Teil der Fassadengestaltung *(Bild oben)* lag in den Händen des bedeutenden österreichischen jüdischen Künstlers Arik Brauer.

Castellezgasse 35

ZWI PEREZ CHAJES SCHOOL

Zwi Perez Chajes secondary school with affiliated primary school and other educational institutions is the oldest jewish schools in post-war Vienna. Named after a famous Viennese rabbi, it is a recognised school offering a wide range of subjects for pupils of all ages. Some of the façade *(top)* was designed by the renowned Jewish Austrian artist Arik Brauer.

Malzgasse 16
TALMUD-TORA-SCHULE

Die Talmud-Tora-Schule in der Malzgasse beherbergt neben einem Kindergarten auch eine Grundschule. Hier werden sehr viele Kinder von Zuwanderern aus Osteuropa betreut.

Malzgasse 16
TALMUD TORAH SCHOOL

The Talmud Torah school in Malzgasse has a kindergarten and primary school. Many of the immigrants from Eastern Europe send their children to this school.

Adalbert-Stifter-Straße 14–18

JÜDISCHES BERUFLICHES BILDUNGSZENTRUM JBBZ

Diese Bildungsinstitution wurde von der Kultusgemeinde initiiert, um vor allem Kindern von Zuwanderern bessere Berufschancen durch eine bessere Qualifikation zu ermöglichen. Die Schule sieht die Ablegung der Berufsreifeprüfung nach Abschluss der allgemeinen Schulpflicht vor und steht den Jugendlichen kostenlos offen.

Adalbert-Stifter-Strasse 14–18

JBBZ (JEWISH VOCATIONAL CENTER)

This college was set up by the Community to give the children of immigrants in particular the opportunity of improving their career prospects by gaining additional qualifications. Students who have completed their compulsory education can study to obtain higher diplomas in a number of trades and professions. There are no tuition fees.

Praterstern 1

JÜDISCHES INSTITUT FÜR ERWACHSENENBILDUNG

Das Jüdische Institut für Erwachsenenbildung hat sich in den letzten Jahren unter Nichtjuden wie Juden gut etabliert. Diese Volkshochschule bietet zahlreiche Kurse und Vorträge, die alle Bereiche jüdischer Religion und jüdischer Kultur abdecken. Oberrabbiner Paul Chaim Eisenberg hat ebenso fixe Termine wie die Korrespondentin des Israelischen Radios Sharon Nuni *(Bild Mitte)*. Besonders beliebt sind Tanzkurse (Bild unten), die einen Einblick in israelische Tänze vermitteln. Das Jüdische Institut für Erwachsenenbildung wurde vor nunmehr 10 Jahren gegründet und setzte zahlreiche Initiativen, die über das normale Kursangebot einer Volkshochschule hinausgehen, z. B. die jährlich stattfindenden Jüdischen Theatertage. Auch die Gründung der Jüdischen Filmwoche geht auf eine Initiative des Instituts zurück.

Praterstern 1

JEWISH INSTITUTE FOR ADULT EDUCATION

The Jewish Institute for Adult Education has become well-known in the last few years to Jews and non-Jews alike. It offers numerous courses and lectures covering all aspects of Jewish religion and culture. Prominent figures such as Chief Rabbi Paul Chaim Eisenberg or Sharon Nuni, Israel Radio correspondent *(center)*, regularly give lectures there.
Israeli dance courses *(bottom)* are particularly popular. The Institute was founded ten years ago. Apart from regular adult education courses, it has launched a number of initiatives, including the annual Jewish Theatre Days or the Jewish Film Week.

Tempelgasse 7
SEFARDISCHES ZENTRUM

Großes Bild: Die sefardische Gemeinde hat innerhalb der Kultusgemeinde einen autonomen Status, der auf die Zeit der Habsburger zurückgeht. Nachdem der prachtvolle sefardische Tempel 1938 beim November-Pogrom vollständig zerstört wurde, gelang es erst in den 90er Jahren, ein neues sefardisches Zentrum zu errichten. Das Bild zeigt den Hauptraum der neuen Synagoge. *Kleines Bild:* Rabbi Jizchak Niazov beim Gebet.

Tempelgasse 7
SEFARDIC CENTER

Large picture: Within the Jewish Community the Sefardic community has an independent status that goes back to the Habsburg days. After the complete destruction of the magnificent Sefardic temple in the November 1938 pogrom, a new center was not completed until the 1990s. The picture shows the main room in the synagogue. *Small picture:* Rabbi Jizchak Niazov praying.

Bauernfeldgasse 4
MAIMONIDES-ZENTRUM

Die Israelitische Kultusgemeinde betreibt auch ein eigenes Alten- und Pflegewohnhei im 19. Bezirk, das sogenannte Maimonides-Zentrum. Dieses Zentrum verfügt auch über eine eigene Synagoge und volle medizinisch Betreuung für alle Bewohner.
Kleines Bild: Der frühere Oberkantor Abraha Adler lebt heute im Maimonides-Zentrum.

Bauernfeldgasse 4
MAIMONIDES CENTER

The Jewish Community has an old people's home, the Maimonides Center, in the 19th district. It has its own synagogue and full medical care for all residents.
Small picture: The former chief cantor Abraham Adler lives today in the Maimonides Center.

Bauernfeldgasse 4
MAIMONIDES-ZENTRUM

Im Maimonides-Zentrum gibt es auch eine Tagesbetreuungseinrichtung und koschere Mahlzeiten. Dieser Teil des Maimonides-Zentrums ist nach Anne Kohn-Feuermann, einer jüdischen Widerstandskämpferin, benannt *(Bild oben)*.
Das Maimonides-Zentrum verfügt auch über eine eigene Bibliothek *(Bild unten)*.

Bauernfeldgasse 4
MAIMONIDES CENTER

The Maimonides Center has a day care center and kosher meal service. One of the tracts is named after Anne Kohn-Feuermann, a active Jewish resistance fighter *(top)*.
The Center has its own library *(bottom)*.

Stephansplatz 10
JEWISH WELCOME SERVICE

Der Wiener Stararchitekt Hans Hollein gestaltete die Räumlichkeiten des Jewish Welcome Service. Prof. Dr. Leon Zelman gründete den Jewish Welcome Service mit dem Ziel der Verständigung und des Erinnerns und Gedenkens. Eines der von ihm initiierten Projekte sieht die Einladung aus Wien Vertriebener zu einem Wiedersehen mit ihrer alten Heimatstadt vor. Damit soll ein Beitrag zur Aufarbeitung der dunklen Kapitel der österreichischen Geschichte geleistet werden. Leon Zelman setzt auch immer wieder Initiativen im schulischen und allgemeinen öffentlichen Bereich, die dem gegenseitigen Verständnis von Juden und Nichtjuden verpflichtet sind.

Stephansplatz 10
JEWISH WELCOME SERVICE

The Viennese star architect Hans Hollein designed the Jewish Welcome Service. Prof. Leon Zelman founded the service as a memorial and reminder but also to promote intercultural understanding. One of the projects initiated by him is to invite former citizens who have been driven out of Vienna to return and get to know their city again. This is one of the ways of coming to terms with a dark chapter in Austria's history. Zelman has also organised numerous projects for schools and the general public with a view to promoting understanding between Jews and non-Jews.

Tempelgasse 5

Bild unten: Hier befand sich der Leopoldstädter Tempel, ein Seitenflügel steht noch heute. Auf dem Areal der beim Novemberpogrom zerstörten Synagoge errichtete die Israelitische Kultusgemeinde ein neues, modernes Gebäude, das unter anderem auch das Psycho-soziale Zentrum ESRA beherbergt. Der Bau wurde vom Architekten Martin Kohlbauer gestaltet.

Rechte Seite: Alltagsszenen im 2. Wiener Gemeindebezirk, wo auch heute der Schwerpunkt orthodoxer jüdischer Besiedlung liegt.

Tempelgasse 5

Bottom: This is the site of the Leopoldstadt temple, one of the wings of which survived the November pogrom. The ESRA psychosocial center has its offices in the new building, designed by Martin Kohlbauer and erected by the Jewish Community on the site of the destroyed synagogue.

Right: Everyday scenes in Vienna's 2nd district, which has once again become a center for orthodox Jews.

2., Im Werd
american

Großes Bild: Das Anzünden der Lichter beim Chanukka-Fest im Wiener Stadttempel.
Kleines Bild: Oberrabbiner Paul Chaim Eisenberg im Purim-Schmuck. Der beliebte Oberrabbiner holt seine Kinder von einem Purim-Fest ab.

Large picture: Lighting the Chanukah candles in the City Temple.
Small picture: Chief Rabbi Paul Chaim Eisenberg dressed up for Purim. The popular rabbi is on his way to collect his children from a Purim party.

Purim ist das fröhliche Kinderfest der Juden. Hier verkleiden sich die Kleinen in der Zwi Perez Chajes Schule.

Purim is a joyous festival that is particularly popular with children. The pictures show pupils from Zwi Perez Chajes School in the Purim costumes.

Seitenstettengasse 2
JÜDISCHES GEMEINDEZENTRUM

Oberrabbiner Paul Chaim Eisenberg beim Abschlussfest der Jüdischen Kulturtage, die jedes Jahr im Herbst stattfinden. Der Oberrabbiner gestaltet seit Jahren dieses Abschlussfest mit, wobei er Geschichten erzählt und singt. Die „Auftritte" des Oberrabbiners haben sich mittlerweile zu wahren Publikumshits entwickelt. Die Veranstaltung ist vor allem auch beim nichtjüdischen Publikum beliebt, da sie die Gelegenheit bietet, auch Köstlichkeiten aus der koscheren Küche kennen zu lernen.

Seitenstettengasse 2
Jewish Community Center

Chief Rabbi Paul Chaim Eisenberg at the closing ceremony of the Jewish Culture Festival, which takes place every autumn. Over the past few years he has helped to design this ceremony, at which he tells stories and sings. The 'appearances' by the Chief Rabbi have become a star public attraction. The event is particularly popular with non-Jewish visitors as it gives them the opportunity to sample kosher cooking.

Haidgasse 1

Sonntag-Nachmittagsfest im Verein der russischen Juden. In den letzten beiden Jahrzehnten sind sowohl aus Russland als auch aus den übrigen Nachfolgestaaten der Sowjetunion sehr viele Juden ausgewandert. Ihre erste Station ist meist Wien; einige bleiben auch hier.

Haidgasse 1

Sunday afternoon party in the Association of Russian Jews. In the last two decades Western Europe has seen a large influx of Jews from Russia and the other former Soviet republics. Their first port of call is usually Vienna, and some of them stay there.

Großes Bild: Verkauf von Mazzes-Brot vor Pesach.
Kleines Bild: Gedeckte Pesach-Tafel.

Large picture: Buying matzo for Pesach.
Small picture: Table laid for Seder night.

PESACH erinnert an den Auszug der Israeliten aus Ägypten. Die häusliche Feier findet außerhalb Israels an den ersten beiden Abenden des Pesach-Festes statt. Diese Abende werden Seder-Abende genannt. Die Seder-Feier ist ein Fest im familiären Kreis, bei der aus der Pesach-Haggada, die biblische Erzählungen zum Exodus enthält, vorgelesen wird. Zu Pesach werden ungesäuerte Brote *(Mazzot)* gegessen. Sie erinnern an die Eile, mit der die Israeliten aus Ägypten auszogen, so dass der Brotteig für den Proviant vor dem Backen nicht mehr gesäuert werden konnte. Auf dem gedeckten Seder-Tisch befindet sich ein Seder-Teller oder auch Seder-Aufsatz, auf dem über die Mazzot hinaus weitere symbolische Speisen angeordnet sind, die an die ägyptische Knechtschaft, den Auszug und das Pesach-Opfer erinnern.

PESACH commemorates the exodus of the Israelites from Egypt. Outside of Israel the first two nights of Pesach are celebrated in the home. These celebrations–Seder nights–are family affairs in which the Bible story of the exodus is narrated. During Pesach unleavened bread *(matzo)* is eaten to symbolise the fact that the Israelites were in such a hurry to leave that they didn't have time to let the bread rise. On the table is a plate or receptacle for the matzo and other items of food symbolising the hardship and bitterness of slavery in Egypt, the exodus and the sacrificial lamb.

Einige jüdische Künstler und Intellektuelle leben wieder in Wien.

Bild oben: GEORG CHAIMOWICZ ist ein „Unbequemer": In seinen Bildern setzt er sich kritisch mit neonazistischen Strömungen, aber auch mit der unaufgearbeiteten Vergangenheit auseinander.
Kleines Bild: Der Fotograf HARRY WEBER ist durch seine Menschenporträts sehr bekannt geworden. Die letzte große Ausstellung widmete ihm das Jüdische Museum. Sie zeigte das jüdische Leben in Wien.

Some Jewish artists and intellectuals have returned to Vienna.

Top: GEORG CHAIMOWICZ is relentless in his criticism of neo-Nazis and also of the failure to come to terms with history.
Small picture: The photographer HARRY WEBER has become well-known for his portraits. A few years ago, the Jewish Museum put on a major exhibition of photographs showing Jewish life in Vienna.

Die Schriftstellerin ELFRIEDE GERSTL zählt zu den wichtigen und kritischen österreichischen Nachkriegsautorinnen jüdischer Herkunft. Für ihre Lyrik wurde sie vor kurzem mit dem Erich-Fried-Preis ausgezeichnet. Mit DORON RABINOVICI *(kleines Bild)* ist vor wenigen Jahren ein junger, kritischer Autor im literarischen Geschehen Österreichs aufgetaucht.

The writer ELFRIEDE GERSTL is one of the most important and critical post-war Austrian writers of Jewish origin. She was recently awarded the Erich Fried prize for her work. DORON RABINOVICI *(small picture)* is another young, critical author who has made his way in the Austrian literary scene in the last few years.

Die Sängerin LENA ROTHSTEIN pflegt die Tradition des jüdischen Liedes. Ihre anspruchsvollen Programme zeigen die ganze Vielfalt jüdischer Kultur. Die Bilder zeigen die Künstlerin mit Mansur Bildik aus der Türkei bei einer Probe für ein sefardisches Programm.

The singer LENA ROTHSTEIN keeps up the Jewish song tradition. Her rich and varied repertoire gives an insight into many aspects of Jewish culture. The pictures show the artist with Mansur Bildik from Turkey rehearsing a programme of Sefardic music.

Großes Bild: TIMNA BRAUER, die Tochter des bekannten Malers Arik Brauer, hat längst ihren eigenen künstlerischen Weg als Sängerin gemacht. Ihr Mann ist ein bekannter Jazz-Musiker aus Israel. Der klassischen Tradition der Klesmer-Musik ist Leon Pollak mit seinem Ensemble Klesmer verpflichtet *(kleines Bild)*.

Large picture: TIMNA BRAUER, daughter of the renowned painter Arik Brauer, has made a name for herself as a singer. Her husband is a well-known Israeli jazz musician. Leon Pollak and his Ensemble Klesmer specialise in the classical tradition of Klesmer music *(small picture)*.

Eines der wohl augenscheinlichsten Zeugnisse der vitalen jüdischen Gemeinde in Wien sind die zahlreichen Jugendaktivitäten. Der traditionsreiche jüdische SPORTVEREIN HAKOAH ist besonders im Schwimmsport sehr aktiv.
In Kürze wird die Hakoah auch im Augarten wieder einen eigenen Sportplatz erhalten.

Among the most evident and visible signs of the energy within Vienna's Jewish community are the numerous activities for young people. The HAKOAH SPORTS CLUB has a long tradition and its swimmers in particular have made a name for themselves. The club is scheduled to have its own sports ground in the Augarten in the near future.

Der zweite jüdische Sportverein ist die MACCABI, deren Fußballverein Anziehungspunkt für sehr viele jüdische Jugendliche ist.

The second Jewish sports club is the MACCABI, whose football teams attract many Jewish youths.

Praterstraße 40, BUCHHANDLUNG CHAJ

Ernst Stern betreibt seine Buchhandlung schon seit langen Jahren. Zunächst in der Nähe des Zwi Perez Chajes Gymnaiums angesiedelt – lange bevor es das Jüdische Museum gegeben hat – ist seine neue Buchhandlung in der Praterstraße ein Fixpunkt für alle, die an jüdischer Literatur interessiert sind.

Hollandstraße 10

Small picture: Seit kurzem gibt es auch ein neues Judaica-Zentrum der Chabad mit dem Namen HAMIFGASCH im 2. Bezirk.

Praterstrasse 40, CHAJ BOOKSHOP

Ernst Stern has been running his bookshop for many years. His original shop was close to Zwi Perez Chajes School—long before the Jewish Museum existed—but he has moved since to Praterstrasse. His shop has become a meeting place for everyone interested in Jewish literature.

Hollandstrasse 10

A new Chabad Judaica center by the name of HAMIFGASCH opened recently in the 2nd district.

Negerlegasse 2

Wer in Wien koscher essen will, kommt an Herrn BERNHOLTZ mit seinem Catering kaum vorbei. Hier kann man die gesamte Vielfalt koscherer Küche kennen lernen.

Kleine Sperlgasse 7
Kleines Bild: „KOSCHERLAND", ein kleiner koscherer Supermarkt in der Kleinen Sperlgasse im 2. Bezirk.

Negerlegasse 2

BERNHOLTZ Catering is the first address in Vienna for those interested in experiencing the entire range of kosher cooking.

Kleine Sperlgasse 7
Small picture: KOSCHERLAND, a small kosher supermarket in Kleine Sperlgasse (2nd district).

Tempelgasse 6

In den letzten Jahren haben sich zahlreiche koschere Geschäfte in Wien etabliert, unter anderem der Supermarkt von Rafael Malkov in der Tempelgasse 6. Ein erheblicher Teil dieser Supermärkte wird von Zuwanderern aus der ehemaligen Sowjetunion betrieben.

Tempelgasse 6

A number of kosher stores have opened in Vienna over the past few years including Rafael Malkov's supermarket at Tempelgasse 6. Many of these supermarkets are run by immigrants from the former Soviet Union.

Große Stadtgutgasse 7

Der koschere Fleischhauer Bernat Ainhorn zählt zu den traditionsreichsten koscheren Fleischereien in Wien. Ainhorn betreibt im Rahmen seiner Fleischerei auch einen koscheren Imbiss mit dem Namen „Chez Berl" *(unten)*.

Große Stadtgutgasse 7

Bernat Ainhorn is one of the most well-established kosher butchers in Vienna. Ainhorn also runs a kosher snackbar called *Chez Berl (bottom)*.

Vor Pesach öffnen kurzzeitig einige Verkaufsstellen für koschere Lebensmittel, da vor Pesach die Nachfrage nach koscheren Lebensmitteln besonders groß ist. Hier der Pesach-Verkauf in der Leopoldstadt des Lebensmittelhändlers Fettmann.

Some kosher stores open for a short while just before Pesach, when the demand for kosher food is particularly great. The picture shows one of these stores.

UNWEIT VON WIEN

BEYOND VIENNA

Eisenstadt, Unterbergstraße 6

JÜDISCHES MUSEUM

In Eisenstadt wurde das erste jüdische Museum in Österreich nach dem 2. Weltkrieg eingerichtet. Es befindet sich im alten jüdischen Viertel von Eisenstadt, im ehemaligen Wohnhaus des Hofjuden und Oberrabbiners von Ungarn, Samson Wertheimer. Das Museum wurde 1972 gegründet und erschließt auch die ehemalige Privatsynagoge Wertheimers, die den Novemberpogrom weitgehend unbeschädigt überstand.
In Nachbarschaft des Museums befindet sich auch ein jüdischer Friedhof *(Seite 91)*.
Kleines Bild: Porträt von Samson Wertheimer.

Eisenstadt, Unterbergstrasse 6

JEWISH MUSEUM

The first Jewish museum to become established in Austria after the Second World War was in Eisenstadt. It is located in the old Jewish district of the city in the house of the former Chief Rabbi of Hungary and 'privileged' Jew Samson Wertheimer. The museum was established in 1972 and includes Wertheimer's former private synagogue, which survived the November 1938 pogrom relatively unscathed. Near to the museum is a Jewish cemetery *(page 91)*.
Small picture: Portrait of Samson Wertheimer.

St. Pölten, Dr.-Karl-Renner-Promenade 22
SYNAGOGE

Die prachtvoll restaurierte Jugendstil-Synagoge von St. Pölten ist heute ein Veranstaltungsort und Sitz des Instituts für Geschichte der Juden in Österreich. Gottesdienste werden nur mehr zu besonderen Anlässen gefeiert, da es keine jüdische Gemeinde mehr in St. Pölten gibt.

Baden, Grabengasse 14, SYNAGOGE

Kleines Bild: Die schwer verwüstete Synagoge in Baden soll renoviert werden. Das ist das Ziel von Sophie Haber, deren Mann ein bedeutender Hakoah-Funktionär war.

St. Pölten, Dr.-Karl-Renner-Promenade 22
SYNAGOGUE

The magnificently restored Jugendstil synagogue in St. Pölten is today the home of the Institute for the History of Jews in Austria. Services are held there on special occasions only, as there is no longer a Jewish community in St. Pölten.

Baden, Grabengasse 14, SYNAGOGUE

Small picture: The ransacked synagogue in Baden is to be renovated. This, at least, is the aim of Sophie Haber, whose husband held a high office in the Hakoah.

There are few European cities whose development is so closely linked with the history of the Jews as is the case in Vienna. The first Viennese Jew mentioned by name was a man called Shlom (c. 1192/95); it is thought that he was responsible for minting silver coins from the ransom obtained by Leopold V for the release of Richard the Lionheart. The medieval Jewish ghetto was located around the present-day Judenplatz. Even then, Jewish money-lending activities and religious prejudices gave rise to violence. In 1420/21 the Jews were accused of having assisted the Hussites; the ensuing Geserah, as it is called, resulted in the expulsion or killing of the entire Viennese Jewish community.

It was not until 150 years later that a few Jewish families began to settle again. During the Turkish wars they were of vital importance to the Habsburg rulers as suppliers to the army. In 1624 Vienna's Jews were allowed to settle in an area called 'Unterer Werd' in what is now the Second District, where a large synagogue was also built. By 1670, however, anti-Semitism had reached such a point that the Jews of Vienna were once again expelled. Because of their 'utility', merchants and financiers were tolerated. One of them, Samuel Oppenheimer, was personal banker to Leopold I; his successor Samson Wertheimer was one of the most important Jewish figures in Europe.

Josef II's Edict of Toleration in 1782 enabled Jews to practise their religion, attend university and take up new professions. The freedom to settle where they wanted to, however, was still limited.

A schism began to form between rich tolerated Jews and non-tolerated ones, who were obliged to reside outside the city and to earn their living as hawkers or street traders.

In the Biedermeier era, the salon run by Fanny von Arnstein was well reputed. The Classicist synagogue in Seitenstettengasse was built in 1824-26 by Josef Kornhäusel. Personages as important as Rabbi Isaak Noah Mannheimer and the cantor and composer Salomon Sulzer were associated with the synagogue.

Jews did not acquire full rights as citizens until 1867. The attractiveness of Vienna as capital of the Austro-Hungarian empire and as an economic hub quickly led to an increase in the size of the Jewish community. Wealthy Jewish citizens (Wertheim, Todesco, Epstein, Ephrussi and others) joined the high society and built magnificent palais for themselves on the Ringstrasse. People of Jewish origin also left their mark in all artistic and scientific branches. Prominent figures included Arthur Schnitzler, Karl Kraus, Gustav Mahler, Max Reinhardt, Otto Loewi, Robert Bárány and Sigmund Freud. Ostjuden—poorer Jews arriving in Vienna from Galicia and Russia—became the main target of anti-Semitism. The response to this baiting was Zionism, developed by Theodor Herzl. His idea of founding a Jewish state was welcomed with particular enthusiasm by these Jewish immigrants from Eastern Europe.

In 1938 Austria was annexed to Hitler's Germany. Jews living in Austria were dispossessed, humiliated and excluded from business and education. By 1941 some 120,000 Jews had left the country; a further 65,000 were to be killed as victims of the 'Endlösung'.

At the end of the war in 1945 the Jewish population of Vienna amounted to a mere 1,500. By the year 2000 the Community had grown to up to 10,000 together with a further 5,000 who are not registered with the Community. Since the 1980s this small but vital community has set up a number of schools, kindergartens and social amenities that provide a solid basis not only for survival but also for the development of a variety of cultural activities.

Israelitische Kultusgemeinde Wien
A-1010 Wien, Seitenstettengasse 4
Tel.. +43-1-531 04-0, Fax: +43-1-533 15 77
Internet: http://www.ikg-wien.at

Jüdisches Museum der Stadt Wien
A-1010 Wien, Dorotheergasse 11,
Tel. +43-1-535 04 31, Fax +43-1-535 04 24
Internet: http://www.jmw.at
e-mail: info@jmw.at
Öffnungszeiten: Sonntag bis Freitag von 10 bis 18 Uhr,
Donnerstag von 10 bis 20 Uhr
Schließtage: alle Samstage sowie Rosch ha Schana und Jom Kippur

Museum Judenplatz
A-1010 Wien, Judenplatz 8
Außenstelle des Jüdischen Museums –
Informationen siehe Jüdisches Museum
Öffnungszeiten: Sonntag bis Donnerstag von 10 bis 18 Uhr,
Freitag 10 bis 14 Uhr
Schließtage: alle Samstage sowie Rosch ha Schana und Jom Kippur,
an den übrigen jüdischen Feiertagen ist freier Eintritt
und am Vorabend schließt das Museum um 15 Uhr.

Sigmund Freud Haus
A-1090 Wien, Berggasse 19
Tel. +43-1-319 15 96, Fax +43-1-317 02 79
Internet: http://freud.to.or.at
e-mail: info@jmw.at
Öffnungszeiten: täglich 9 bis 16 Uhr,
Juli bis September 9 bis 18 Uhr.

Arnold Schönberg Center
A-1030 Wien, Schwarzenbergplatz 6
Tel. +43-1-712 18 88, Fax +43-1-712 18 88/88
Internet: http://www.schoenberg.at
Öffnungszeiten: Montag bis Freitag von 10 bis 17 Uhr

Jewish Welcome Service
A-1010 Wien, Stephansplatz 10
Tel. +43-1-533 88 91, Fax +43-1-533 40 98

DER JUGENDSTIL LEITETE AN DER WENDE VOM 19. ZUM 20. JAHRHUNDERT EINE REVOLUTIONÄRE ERNEUERUNG VON KUNST UND ARCHITEKTUR EIN, DIE FÜR DIE WEITERE ENTWICKLUNG VON BAHNBRECHENDER BEDEUTUNG SEIN SOLLTE. WIEN WURDE IN DIESER EPOCHE ZU EINEM ZENTRUM DES NEUEN STILS UND ERLEBTE EINE KULTURELLE BLÜTE WIE KAUM EINE ANDERE WELTSTADT. DER JUGENDSTIL MIT SEINEM WEICHEN LINIENSPIEL UND SEINER INTENSITÄT AN STIMMUNGS- UND GEFÜHLSAUSDRÜCKEN ENTSPRACH IN BESONDERER WEISE DEM LEBENSGEFÜHL IN DIESER STADT.
IN EINDRUCKSVOLLEN GESAMTANSICHTEN UND DETAILAUFNAHMEN DOKUMENTIERT DIESES BUCH DEN KÜNSTLERISCHEN REICHTUM DER WIENER JUGENDSTILARCHITEKTUR VON STÄDTISCHEN GROSSPROJEKTEN, DIE UNTER DER LEITUNG OTTO WAGNERS AUSGEFÜHRT WURDEN, ÜBER ÖFFENTLICHE BAUTEN, MIET- UND GESCHÄFTSHÄUSER BIS HIN ZU PRIVATEN VILLEN, DIE DEM BESUCHER NICHT ZUGÄNGLICH SIND.

JÁNOS KALMÁR · ANDREAS LEHNE
JUGENDSTIL IN WIEN
104 S., 22 x 23,5 CM, 180 FARBILDER, LAM. PAPPBAND MIT SU.
WITH ENGL. CAPTIONS AND SUMMARY
ISBN 3-85058-152-7

SIE ENTSTAND AUF DEN REISSBRETTERN DER BESTEN ARCHITEKTEN UND GALT BALD ALS INBEGRIFF IMPERIALER PRACHT UND ELEGANZ: DIE WIENER RINGSTRASSE. ENTLANG DIESER EINZIGARTIGEN VIA TRIUMPHALIS DES ÖSTERREICHISCHEN KAISERSTAATES WUCHSEN JENE MONUMENTALBAUTEN UND PALÄSTE AUS DEM BODEN, DIE NOCH HEUTE DEN SPÄTEN GLANZ DER UNTERGEHENDEN HABSBURGERMONARCHIE IN FASZINIERENDER WEISE WIDERSPIEGELN. MONARCHISCH-STAATLICHES UND GROSSBÜRGERLICHES REPRÄSENTATIONSBEDÜRFNIS SCHUFEN UNVERGÄNGLICHE DENKMÄLER, PRUNKVOLLE KULISSEN EINER AUFBLÜHENDEN METROPOLE.
JEDES WICHTIGE GEBÄUDE DIESES GRANDIOSEN GESAMTKUNSTWERKS WIRD IN BILD UND TEXT PRÄGNANT DOKUMENTIERT; ZAHLREICHE INNENAUFNAHMEN ZEIGEN AUCH WENIGER BEKANNTE DETAILS UND BELEGEN EINDRUCKSVOLL OPULENZ UND REICHTUM EINER DER SCHÖNSTEN STRASSEN DER WELT.

JÁNOS KALMÁR · ANDREAS LEHNE
DIE WIENER RINGSTRASSE
112 S., 22 x 23,5 CM, 180 FARBILDER, LAM. PAPPBAND MIT SU.
WITH ENGL. CAPTIONS AND SUMMARY
ISBN 3-85058-167-5

ERSCHIENEN IM PICHLER VERLAG
Pichler verlag im Internet: www.pichler.co.at